中等职业学校新课标公共课配套辅导

心理健康与职业生涯
学习辅导与训练

主编　严　洁　魏丽丽

教·学
资　源

新华出版社

图书在版编目（CIP）数据

心理健康与职业生涯学习辅导与训练 / 严洁，魏丽丽主编. -- 北京 : 新华出版社，2023.6（2024.11 重印）
ISBN 978-7-5166-6853-5

Ⅰ. ①心… Ⅱ. ①严… ②魏… Ⅲ. ①心理健康－健康教育－中等专业学校－教学参考资料②职业选择－中等专业学校－教学参考资料 Ⅳ. ①G444②G717.38

中国国家版本馆 CIP 数据核字(2023)第 104701 号

心理健康与职业生涯学习辅导与训练

主　　编：严　洁　魏丽丽

责任编辑：林郁郁　李　珊　　封面设计：北京金企鹅

出版发行：新华出版社
地　　址：北京石景山区京原路 8 号　　邮　　编：100040
网　　址：http://www.xinhuapub.com
经　　销：新华书店、新华出版社天猫旗舰店、京东旗舰店及各大网店
购书热线：010-62111051　　中国新闻书店购书热线：010-63072012

照　　排：北京金企鹅
印　　刷：北京同文印刷有限责任公司

成品尺寸：210mm × 285mm
印　　张：9.25　　字　　数：231 千字
版　　次：2023 年 6 月第一版　　印　　次：2024 年 11 月第二次印刷

书　　号：ISBN 978-7-5166-6853-5
定　　价：35.00 元

前言

PREFACE

为配合中等职业学校思想政治教育工作，巩固和检验学生的学习成果，编者组织编写了《心理健康与职业生涯学习辅导与训练》一书。

本书根据教育部最新颁布的《中等职业学校思想政治课程标准（2020年版）》进行编写，旨在帮助学生更好地理解和掌握所学知识，树立心理健康意识，提升自身职业素养，获得良好的职业发展。

本书主要具有以下几个特点。

1. 立德树人，润物无声

党的二十大报告指出：“育人的根本在于立德。”本书有机融入党的二十大精神，积极贯彻“育人为本，德育为先”的理念，在每章的开始都设置了“启迪心灵”模块。该模块通过紧贴生活的典型案例展开，引发学生思考和讨论，旨在使学生深入领会精益求精、艰苦奋斗、勇于创新、甘于奉献、严于律己、攻坚克难的时代精神，增强创新意识、责任意识，激发进取精神、协作精神和爱国热情，从而树立正确的世界观、人生观、价值观。

2. 校企合作，协同育人

编者积极参考了多位一线老师的意见，并充分考虑了各类企业对相关人才专业素质的要求，将心理健康与职业生涯相关理论知识同实际工作有机结合起来，有助于学生提升自身职业素养。

3. 全新理念，全新形态

本书践行“以学生为中心，重在应用”的理念，按照“章、节”顺序，以“节”为单位组织内容，这更有利于老师根据课时安排教学内容。每节的具体内容包括“提纲挈领”“启迪心灵”“千锤百炼”三大模块。在每章最后还设有“明心见性”“躬行实践”两大模块。各模块的具体特点如下。

- **“提纲挈领”模块：**以鱼骨图的形式来梳理各节的知识要点，旨在帮助学生从宏观上构建完整的知识体系，从微观上理清学习思路，把握知识重点，同时方便学生回顾各章的主题和核心内容。

- “启迪心灵”模块：通过生活中的常见事例、寓言故事等，引导学生在阅读中分析和思考，帮助他们从所学专业和实际出发，深刻理解相关理论知识，树立心理健康意识，并结合个人实际确立职业规划。
- “千锤百炼”模块：紧扣教材的知识点，设置有填空题、选择题、判断题、简答题、辨析题、案例分析题等六种题型，习题的题量与难易程度适中，通过多种题型调动学生的训练积极性，开阔学生的训练思路，引导学生充分思考，多方面帮助学生查漏补缺、巩固所学知识。
- “明心见性”模块：以二维码的形式展现，里面针对中职生突出的心理问题，设有相应的心理测试内容，旨在帮助学生认识自我，有针对性地解决、释放心理压力，进而以积极健康的心态面对校园生活和即将到来的职业生活。
- “躬行实践”模块：结合各节的重要知识点来设置内容，如“模范人物”访谈活动、“我们如何学习”主题交流活动等。通过形式多样的实践活动，学生可更好地将理论应用于实践，做到学以致用，用以促学，学用相长，知行合一。

4. 数字资源，平台辅助

本书配有丰富的数字资源，读者可登录文旌综合教育平台“文旌课堂”（www.wenjingketang.com）查看和下载本书丰富的配套教学资源包。

此外，本书还提供了在线题库，支持“教学作业，一键发布”，指导老师只需要通过微信或“文旌课堂”App扫描扉页二维码，即可迅速选题、一键发布、智能批改，并查看学生的作业分析报告，提高教学效率、提升教学体验。学生可在线完成作业，巩固所学知识，提高学习效率。

本书由严洁、魏丽丽担任主编，曾琳、张媛、赵心怡担任副主编。在编写过程中，编者参阅了大量的资料，并得到了许多专家、学者的支持和帮助，在此向这些资料的作者及提供帮助的专家、学者表示衷心的感谢！

由于编者水平有限，书中难免存在疏漏或不当之处，恳请广大读者批评指正，以便不断提高教材水平。

特别说明：

本书所选案例均来源于真实事件，但为了避免引起误会，部分人物使用了化名。

目录

CONTENTS

第一章

时代导航　生涯筑梦

第一节

立足时代，志存高远

提纲挈领

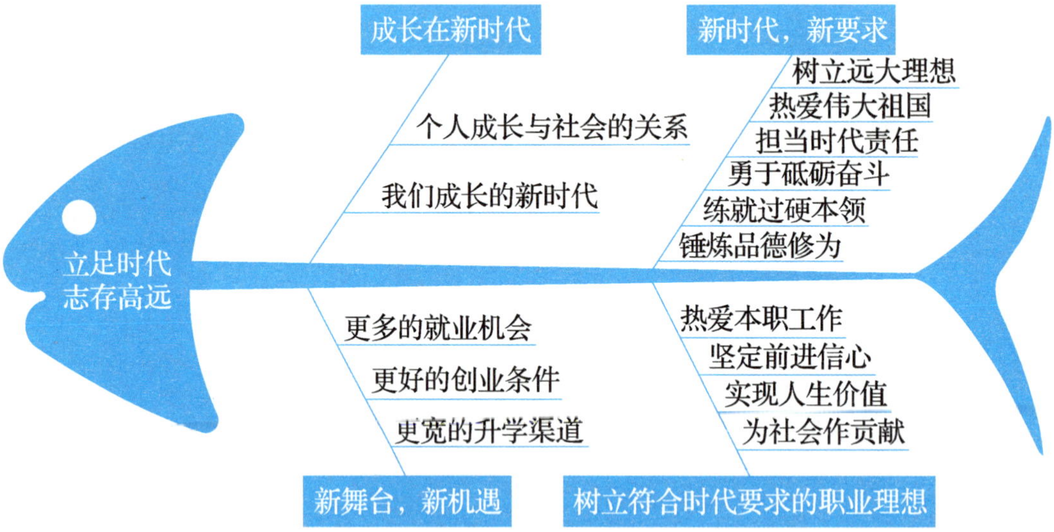

启迪心灵

一名初中毕业生的“蝶变之路”

1992 年，16 岁的王某初中毕业，在村子附近一家简陋的乡镇企业当车工。1996 年，公司接到一个配件加工的订单，客户对配件要求精度高且工期紧。当时企业设备老旧，每班时仅能加工 10 个配件，效率是一些同行的 1/4。为了提高效率，公司的一位师傅把 4 把刀具改成一把组合刀，效率翻番。王某在此基础上，经过反复试验，改进刀具磨削，创造了每班时加工 52 件、月加工 1 400 多件、合格率达到 99.9%的奇迹。

这是王某第一次享受到创新的快乐。从此，他一发不可收拾，在创新的道路上越走越快。22 岁，他参与设计研发国内首台轮胎模具专用电火花机床，改写了国内轮胎模具手工加工的历史；23 岁，他成功完成电火花防弧电路试验，破解了国内电火花机床烧结难题，促成了第一代电气柜的诞生。他和工友们共同研制出轮胎模具专用电火花节能电源，此技术在世界上只有少数几个国家拥有。按 300 多台设备、每台节电 50%计算，每年可为公司节约电费 1 200 万元左右。

王某靠着不断创新的精神，一步步成为公司电火花科研组组长，并先后获得了“山东省劳动模范”“全国劳动模范”等荣誉。

【思考与感悟】

王某凭借自己的钻研精神，不断创新技术，跨越了一个又一个“山峰”，在为公司创造价值的同时，也成就了自己的职业理想。请思考：在当今百年未有之大变局中，我们应如何处理时代发展与个人成长的关系？

千锤百炼

一、填空题

1. 实现个人成长和人生理想的前提是________________________。

2. 为个人生存和发展提供条件的是__________。

3. 新时代中国青年的奋斗目标和前行方向，就是坚定不移_________、_________，努力成为堪当民族复兴重任的时代新人。

4. 中国共产党的奋斗目标是________________________。

5. ________________________是我国发展新的历史方位。

6. 新时代为我们实现人生梦想提供了良好的____________。

7. 党的二十大报告指出，从2035年到本世纪中叶把我国建成____。

8. 为了推进职业教育高质量协调发展，我国建立了_______________制度，完善了________________________考试招生办法。

9. 人们对美好生活的向往和追求往往是通过_________、_________的职业活动来实现的。

二、选择题

1.（　　）是立身之本、成才之基。

A. 经济发展　　B. 热爱祖国

C. 社会稳定　　D. 文化繁荣

2.（　　）是为人之本。

A. 性格　　B. 理想

C. 品德　　D. 以上都是

3. 下列选项中，属于职业的是（　　）。

A. 街头艺人　　B. 教师

C. 学生　　D. 志愿者

4. “三百六十行”反映了职业的（　　）。

A. 多样性　　B. 专业性

C. 时代性　　D. 独特性

5. 下列说法中，属于职业理想的是（　　）。

A. 小陈的理想是挣够了钱，然后去环游世界

B. 小王在餐馆打工，她的理想是通过自学考试获得大学文凭

C. 小程毕业后进入某电力公司，他的理想是 5 年内成为项目经理

D. 小魏现在是一名卫生职业学校的学生，她的理想是成为爱心志愿者

三、判断题

1. 只有将个人成长与家庭教育、学校发展统一起来，才能更好地创造人生价值，实现人生理想。（　　）

2. 从 2020 年到 2035 年基本实现社会主义现代化是全面建成社会主义现代化强国的第一步。（　　）

3. 如今，我们所面临的新时代是实现中华民族伟大复兴的最关键时代。（　　）

4. 热爱是青春最亮丽的底色，我们要勇往直前。（　　）

5. 职业都比较稳定且有合法收入。（　　）

6. 职业是个人在社会中生存和发展的手段。（　　）

7. 从实际出发选择职业，就是要从社会需要和自身条件出发去求职择业。（　　）

8. 只要有报酬、有收入的劳动就是职业。（　　）

9. 职业理想仅仅是对将来从事职业种类和方向的追求。（　　）

10. 职业理想是高于现实的，根本不可能实现。（　　）

四、简答题

1. 新时代为我们提供的发展机遇有哪些？

2. 新时代对追梦人提出了哪些新要求？

五、辨析题

1．术业有专攻，新时代的人才只需要积极学习自身专业领域的知识，就能实现自己的职业理想。

2．在职业生涯中，只有确立职业理想，才能走向成功。

六、案例分析题

方某的理想是成为一名教师，为此，她放弃了银行优渥的待遇和良好的工作环境，到一所心仪的学校去面试。由于这所学校需要的是有工作经验的教师，因此她的条件并不符合学校的用人要求。在得知这所学校也在招聘校长办公室秘书后，方某为了留下来，毫不犹豫地应聘了秘书岗位。

尽管方某成了校长办公室秘书，但她并没有放弃成为一名教师的理想。她一边做秘书工作，一边利用闲暇时间去听课，每次都认真做笔记，用心写心得，并对教案进行总结。

过了一段时间，方某再次向校长表明自己想当教师的心愿。校长非常认可她的努力和坚持，于是决定给她一个机会——做10份英语教学方案，如果合格，就让她参加英语教师的选拔面试。

方某做的教学方案得到了校长的认可，但接下来，她还要在学校各资深教师的面前试讲，经资深教师们考查合格后才能成为教师。试讲结束后，资深教师们指出了她试讲中的不足，也对她的优点给予了充分肯定。通过锲而不舍的努力，方某终于如愿以偿，成为一名教师。

【思考】

1．通过上述案例，分析职业理想在个人的职业发展中发挥的作用。

2．新时代，新征程，我们要树立怎样的职业理想？

第二节

生涯规划，筑梦未来

提纲挈领

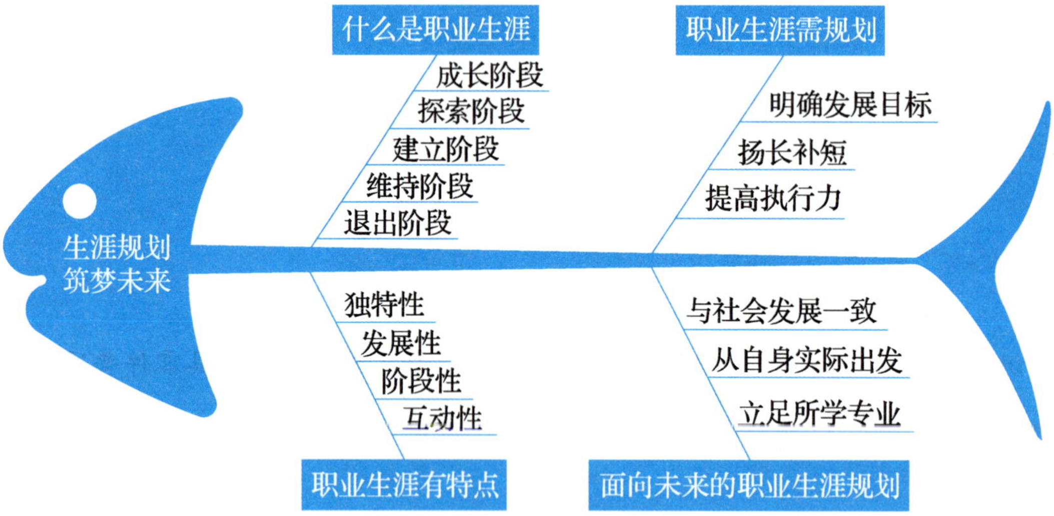

启迪心灵

梦想起航

小程是一个性格内向的学生，好奇心强、喜欢思考、做事认真。他热爱文学，喜欢运动，还喜欢摆弄一些小玩意儿，经常把家里的一些东西拆了装、装了拆，反复摆弄。他还会修理一些日常生活用具，如给自行车装缺失的零件。家里新买的电扇是由他安装的，如果需要清洗，也是由他进行拆装的。这些对他来说都是很有趣的事。

中考之后，小程决定去某职业学校继续学习。报名时，他根据自己的爱好和兴趣选择了模具专业。

在一年的中专学习中，他发现自己很喜欢这个专业。学习中强烈的成就感让他更加坚定了自己的专业选择，并立下了成为一名模具技师的目标。为此，他制订了一份长期目标规划，具体如下。

1．2024—2026 年：模具中级工

知识目标：学习机械制图与计算机绘图、机械基础、模具拆装与测绘、计算机辅助设计与制造、塑料成型工艺与模具结构、模具制造基础、模具与产品质量检测等专业课程，具备相关专业知识，掌握冲压工艺与模具设计、模具制造工艺、数控铣削技术、CAD/CAM 技术等专业技能。

能力目标：提高实践操作能力和人际沟通能力。

学历目标：取得中专毕业证书；参加对口升学考试，升入大专。

资格认证：取得铣工中级工资格证书。

2．2026—2028 年：中级制图员

知识目标：学习公差配合与测量技术、工程材料及热处理、模具零件普通机械加工技术、冲压工艺及模具设计、模具数控加工和电切削加工、模具精密检测技术、模具数字化设计与制造等专业课程，具备相关专业知识，掌握模具现代制造技术、高级数控铣削技术等专业技能。

能力目标：提高实践操作能力，初步培养模具设计能力，提高组织能力。

学历目标：取得大专毕业证书。

资格认证：取得中级制图员证书。

3．2028—2031 年：模具高级工

能力目标：熟练处理本职工作，工作业绩在同级同事中居于突出地位；参加技能比赛，并获得荣誉。

资格认证：取得铣工高级工资格证书和高级制图员证书。

职业目标：成为一名知识型模具高级工。

技能目标：熟练掌握工厂各种生产设备的操作和工作流程，努力实现技能创新，为工厂节约成本、改进技术贡献力量。

4. 2031—2037年：模具技师

知识目标：参加技师考试，将自己的知识积累和技能积累提高一个层次。

学历目标：取得本科学历证书。

资格认证：取得技师资格证书。

职业目标：成为企业或工厂的高级技术人员。

技能目标：参加全国技术性比赛，熟悉国内外先进技术，并进行一定的科学探究。

【思考与感悟】

小程的长期目标规划是否合理？作为中职生，你会如何规划自己的职业生涯？

千锤百炼

一、填空题

1. 职业生涯包含了人的一生中以职业为核心所串联起来的全部经历，它是一个人一生通过____________、____________，不断追求职业理想的过程。

2. 职业生涯一般可以分为____________、____________、____________、____________、____________五个阶段。

3. ________阶段一般从走上工作岗位开始，一直到事业高峰期。

4. 职业生涯的特点包括___________、___________、___________、___________四个方面。

5. 要树立正确的就业观，就要学会处理______________与______________的关系，提高适应社会的能力。

二、选择题

1. 洪迈所著的《容斋随笔》中提到了人生五计，其中的（　　）是在青少年时期。该时期，青少年应勤奋学习、志向高远。

A. 生计　　B. 身计

C. 家计　　D. 老计

2. 在职业生涯的（　　）阶段，要做好职业规划，为首次就业做好准备。

A. 成长　　B. 维持

C. 探索　　D. 建立

3. 关于职业生涯的发展阶段，下列表述错误的是（　　）。

A. 成长阶段一般从出生开始

B. 探索阶段一般从大学毕业开始

C. 维持阶段一般从达到事业高峰期开始

D. 退出阶段一般从离开工作岗位算起

4. 中职生必须树立（　　）的理念，在校期间就养成自主学习的习惯，为职业生涯的可持续发展奠定基础。

A. 乐于助人　　B. 勤奋好学

C. 刻苦钻研　　D. 终身学习

5. 每个人的个体状态不同，所从事的职业也不同，这体现了职业生涯的（　　）。

A. 独特性　　B. 发展性

C. 开放性　　D. 稳定性

6. 一个人在孩提时期想当一名科学家，长大后却成为了一名法官，这说明了职业生涯有（　　）的特点。

A. 差异性　　B. 发展性

C. 开放性　　D. 稳定性

7. 小倪在进行职业生涯规划的过程中，逐渐确定了自己的奋斗方向。这体现了职业生涯规划有助于（　　）。

A. 提升自我　　B. 明确目标

C. 自我督促　　D. 自我激励

8. 要想谋求职业生涯的发展和成功，就必须考虑（　　）的需要和变化趋势，随时调整职业生涯规划，顺势而为。

A. 个人　　B. 家庭

C. 社会　　D. 学校

三、判断题

1. 我们必须顺应时代的要求，根据时代的变化调整自己的职业生涯规划。（　　）
2. 从长远来看，职业生涯发展的关键在于个人习惯的形成。（　　）
3. 社会需求是影响职业生涯规划的重要客观条件。（　　）
4. 求职过程中没有必要实现专业与职业的匹配。（　　）
5. 一个人只要有了自己的奋斗目标，就能在职业生涯中走向成功。（　　）
6. 职业生涯规划可以将实现职业理想的步骤细化，使其更具有操作性。（　　）
7. 进行职业生涯规划时，要考虑多项条件、多个职业岗位。（　　）
8. 要使职业生涯规划符合个人实际，就必须分析自己的兴趣、性格、能力及价值取向。（　　）

四、简答题

1. 职业生涯规划可为我们的发展提供哪些帮助？

2．在进行职业生涯规划时，应遵循哪些基本原则？

五、辨析题

1．只要确立了职业理想，努力走好当下的路，就没有必要做职业生涯规划。

2．只要制订好职业生涯规划，就一定能成功。

六、案例分析题

宋某是一位著名的企业家，曾在某大型跨国公司工作。他进入公司后不久就病倒了。此后，他凭着坚强的意志与病魔斗争了3年，才终于康复，并重新回到了公司。当时，同期入职的同事均已升职，要想在短时间内追上他们着实不易，因此他只能花费比别人更多的时间来提升自己。为此，25岁的宋某为自己制订了一份长达25年的职业生涯规划。

宋某在坚持执行“25年规划”的同时，还会从自己的实际情况出发学习应具备的各种能力，进一步为未来打基础，以便能随时胜任更高的职位。当他还是一个小小的办事员时，他就开始学习科长应具备的一切能力；当他荣升为科长时，他就继续学习经理应具备的一切能力；当他成为经理时，他就再进一步学习总经理应具备的一切能力。

到了30岁时，宋某荣升为经理；到了40岁时，他当上了总经理，他的升迁比别人要快得多。在47岁时，宋某离开了该公司，开始自己经营公司。其实，他能取得这些成就，并不是因为他特别聪明，而是因为他能够拟定适合自己的职业生涯规划，并一步步地完成。

【思考】

1. 如果没有“25年规划”，宋某能否取得成功？
2. 你认为职业生涯规划对个人的发展有什么意义？

明心见性

人一旦没有了目标，人生就会失去方向。长此以往，人就会变得心情低落、焦虑烦躁，对任何事都提不起兴趣，情况严重者还有可能患上抑郁症。为了判断自身是否存在此方面的心理问题，请扫描下方二维码，做个简单的测试吧。

扫一扫

抑郁症——心理测试

躬行实践

“模范人物”访谈

在我们的生活中，有许多优秀的模范人物，他们用自己的实际行动，为我们树立了一个个典范。这些优秀的模范人物，他们可能是企业的管理者，也可能是生产一线的技术人员，他们都在自己的岗位上发光发热。

请结合本章所学，选择一位优秀的模范人物，进行一次深入访谈，了解他的职业经历，体会他的人生之路，并根据访谈内容，写一篇访谈报告（800 字以上）。

一、过程记录

目标人物：

访谈时间、地点：

访谈内容：

心得体会：

二、活动评价

指导老师参考表 1-1 对学生的“模范人物”访谈情况进行评价。

表 1-1　活动评价表

评价标准	评价细则	满分/分	评分/分
“模范人物”访谈	目标人物选择合适	10	
	访谈内容合理、有价值	50	
	对访谈过程进行有效记录	20	
	访谈报告能够体现自己的真实感悟	20	
合计		100	
指导老师评价			

第二章

认识自我　健康成长

第一节

发现自我，完善自我

提纲挈领

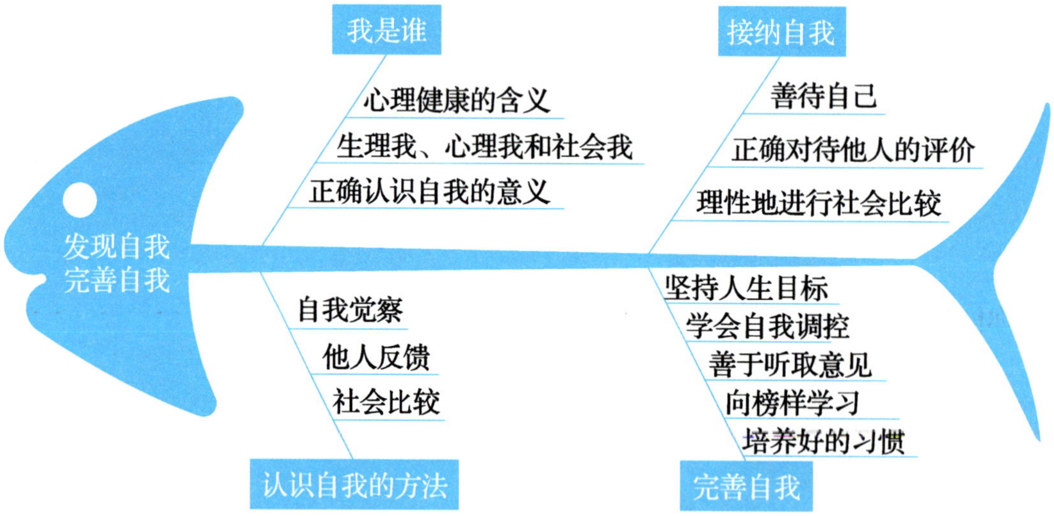

启迪心灵

接纳自我，追寻属于自己的路

有一个小男孩，他的性格十分内向、懦弱，且敏感多疑、多愁善感，他总是觉得周围环境一直在压迫和威胁着自己，于是一直想要防范和逃避。

男孩的父亲竭力想把他培养成一个堂堂正正的男子汉，希望他具有宁折不屈、刚毅勇敢的性格。在父亲粗暴、严厉且自负的“斯巴达克式”培养下，他的性格不但没有变得刚烈勇敢，反而更加懦弱自卑，并从根本上丧失了自信心，致使生活中每一个细节、每一件小事，对他来说都是一种挑战。他在困惑和痛苦中长大，整天都在察言观色，常独自躲在角落里抚慰自己受伤的心灵，战战兢兢地揣度着又将遭受什么样的伤害。

父亲对儿子彻底失望了，这样能让他去从军、去冲锋陷阵吗？不可能，也许部队还没有开始开拔，他就已经当了逃兵。让他去从政？依靠他可怜的智慧、勇气和决断力，在那么复杂的环境中周旋简直就是幻想。让他去当律师？他那内向懦弱的性格，可能会让他连直视对方的勇气都没有，更何况面对你来我往的激烈辩论。

但是谁也没想到，这个小男孩最后成了世界闻名的作家，他就是卡夫卡。

为什么会这样？原因在于卡夫卡能够恰当地认识自我、接纳自我，并不断地提升自我。卡夫卡对世界、生活、人生有着非常敏锐、深刻的认识，对待文学有着异于常人的执着与坚持，从而开创了文学史上一个全新的艺术流派——意识流，给世界留下了《变形记》《城堡》《审判》等不朽的巨著。

【思考与感悟】

1．你能恰当地认识自我吗？你喜欢自己吗？为什么？

2．面对他人的评价，你有想过改变自己吗？为什么？

3．为了达到自己所追求的目标，你愿意为之提升自我吗？为什么？

千锤百炼

一、填空题

1. 心理健康是指在______________、______________、______________、______________、______________、______________等方面均表现良好的一种心理状态。

2. 认知效能主要包括______________、______________、______________等能力，良好的认知效能有利于完成学习和工作任务，解决各类问题。

3. 认识自我一般可以从______________、______________和______________三个方面进行。

4. ______________是指对自己进行仔细的观察和思考，是认识自我的常用方法之一。

5. 社会比较是指将自己与______________进行比较。

6. ______________是指在充分、深入地认识自我的基础上，能够正确对待自己并认可自己的积极态度。

7. 自尊是指个体对自己的______________、______________和______________的总体评价及由此产生的______________。

8. 善待自己不仅包括关爱自己的身体健康，还包括__________________________、__________________________上的自我慰藉。

9. 接纳自我需要正确分析和认识他人的评价，从中提取______________________、______________________的信息。

10. 完善自我不但要学会______________，还要善于听取他人的______________，并积极地向榜样学习。

二、选择题

1. 下列选项中，不属于生理我认识内容的是（　　）。

A．性别　　B．身高　　C．外貌　　D．性格

2. 下列选项中，不属于心理我认识内容的是（　　）。

A．体重　　B．价值观

C．能力　　D．兴趣

3.【多选】下列选项中，属于社会我认识的是（　　）。

A．社会角色　　B．特长

C．在学校的地位　　D．在家庭中的地位

4．心理测试属于认识自我的方法中的（　　）。

A．自我觉察　　B．他人反馈

C．社会比较　　D．自我比较

5．下列选项中，不属于自我觉察对象的是（　　）。

A．记忆　　B．气质

C．运气　　D．容貌

6．【多选】接纳自我，就要做到（　　）。

A．善待自己　　B．纵容自己

C．相信自己　　D．尊重自己

7．【多选】下列选项中，属于自尊表现的是（　　）。

A．经常自责　　B．对自己很满意

C．非常喜欢自己　　D．自己感到很优秀

8．【多选】完善自我，应做到（　　）。

A．及时自我调整　　B．善于听取意见

C．培养好的习惯　　D．做事敷衍塞责

9．【多选】除一般性建议外，听取他人的建议时还要有意识地关注他人建议中（　　）的部分。

A．重要　　B．具体

C．有趣　　D．有建设性

10．向榜样学习，可以更好地（　　）。

A．认识自我　　B．完善自我

C．接纳自我　　D．发现自我

三、判断题

1．良好的自我认识是指自己的情绪能够保持总体稳定，并在需要时可进行有效地调整。（　　）

2．他人对自己的评价完全无益于认识自我。（　　）

3．通过认识自我，可以发现自己的潜能。（　　）

4．善于自我觉察的人，能够更好地认识自我。（　　）

5．社会比较就是将自己所扮演的社会角色与别人进行比较。（　　）

6．采用不同的方法认识自我，搜集到的信息可能不同。（　　）

7．接纳自我，必须正确对待自己的优缺点。（　　）

8．高自尊的人，对别人的批评和指责都会不以为然。（　　）

9．社会比较在认识自我和接纳自我中都是常用的方法。（　　）

10．完善自我需要不断地改变自我，不断地调整自己的人生目标。（　　）

四、简答题

1．心理健康对个人的成长有哪些影响？

2．全面准确地认识自我有哪些益处？

3．自我觉察的方式有哪些？

4．接纳自我有哪些益处？

5．如何做到善待自己？

6．如何正确对待他人的评价？

五、辨析题

1．只要能全面准确地认识自我，就表示自己的心理很健康。

2．接纳自我，就要理性地进行社会比较。

3. 提升自我，就是向着自己的人生目标努力，不断变得更优秀。

六、案例分析题

小李在大学所学专业是电子信息工程。大学毕业后，小李和几个同学一起进入一家电子厂从事电子电路设计工作。由于工作内容非常枯燥，让性格外向、活泼好动的小李很不适应，因此他在工作时总是提不起精神，还经常出错。过了半年，在看到身边的同学一个一个地升职后，他的心里非常焦虑。

小李决定转行，到一家培训机构应聘拓展培训师，并幸运地通过了初试，而复试需要到远在外地的总部进行。由于电子厂不给小李批那么长的假期，因此他只有放弃现在的工作，才能去竞争一个不一定能成功的职位，而这有可能会让他“赔了夫人又折兵”。小李在充分分析自己的兴趣、性格和能力后，便下定决心离开了这家电子厂。

之后，小李顺利通过了复试，获得了拓展培训师的职位。在新的工作中，他的特长得到了发挥，因此适应得很快，业务能力也不断提升。一年后，他代表这家培训机构参加了拓展培训师的技能竞赛，并取得了全市第二名的好成绩，他也因此晋升为高级拓展培训师，获得了职业上的成功。

【思考】

1. 小李为什么要转行成为拓展训练师？
2. 结合案例，说说如何通过认识自我来选择合适的职业。
3. 发散思维，想一想在职业生涯中，应该通过哪些途径来完善自我、提升自我。

第二节

直面挫折，积极应对

提纲挈领

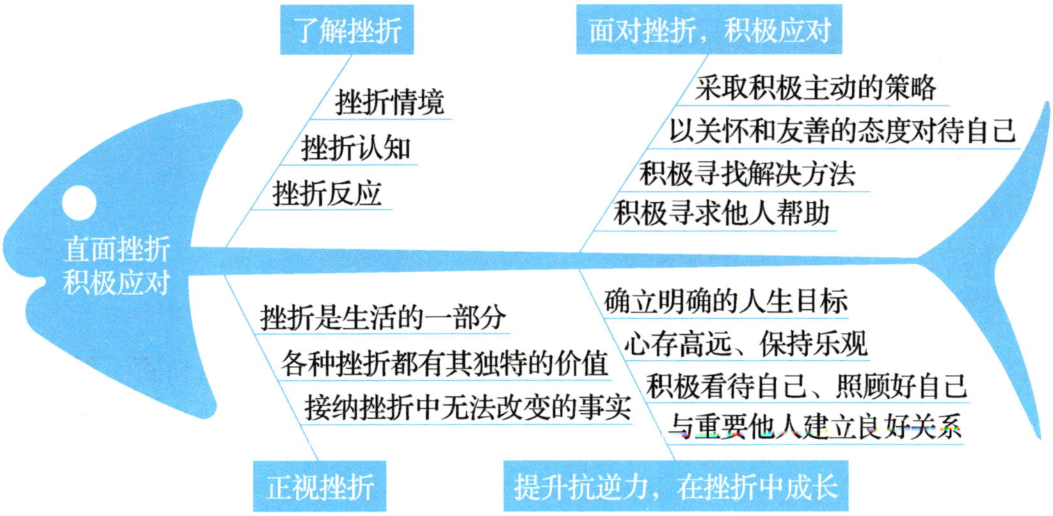

启迪心灵

带疤痕的木板

孙先生是一家创业公司的老板，这两年他的公司如同一匹黑马，发展迅速。在接受记者采访时，记者问他："您是凭借着什么取得成功的呢？"他回答道："我给您讲一个故事吧。"

"那年高考，我因10分之差而落榜。由于没考上大学，我的情绪每天都很低落，我的父亲就让我跟着他做木匠活儿。感到前途渺茫的我，就跟着做了起来。有一天，我在学刨木板，刨着刨着就卡住了，很难往前推动，我拿开刨子一看，木板上有一个木结。'木板为什么这么硬啊'我嘟囔着，我父亲在一旁说，'因为它受过伤'。"

"受过伤？"记者感到有些疑惑。

孙先生继续说："对，当时我的父亲告诉我，木头上的那些木结都是树之前受过伤的地方，结疤之后就会变得特别硬。但是树被刨成木板后，往往是这些疤痕所在地方的纹路最好看。其实，人也是一样的，只有受过伤之后，才会变得更加坚强，那些曾经受过的伤最后都会成为人生中一道道美丽的风景。"

"您的意思是敢于面对挫折吗？"记者问道。

"对，遇到挫折并不可怕，可怕的是一蹶不振。父亲当时的话给了我很大触动，因此我决定复读，再给自己一次机会。"

"所以您现在成功了。"

"未来的路还很长。"孙先生说道。

【思考与感悟】

读完这个故事，你有什么样的感悟？你如何看待自己在生活中遇到的挫折？

千锤百炼

一、填空题

1. 挫折是指个人在有目的、有动机的活动中受到阻碍或遭遇失败时的情绪反应，它与________________、________________、________________相关。

2. ________________是指人们认为自己在现实中的真实形象，如“我在现实中是怎样的人”；而________________则是“我想成为什么样的人”，它包括人们对自己的期望和设想。

3. 不同的人在面对挫折时会有不同的________________，用________________的视角认识挫折，有助于我们正视挫折。

4. 面对挫折，要学会接纳挫折中________________的事实；对于________________的因素，则要积极寻求改变的方法。

5. 创伤后成长不是由创伤性事件本身引起的，而是通过个体在与创伤性事件的________________中实现的，它受创伤性事件的________________、个体应对创伤性事件的方式及________________等因素的影响。

6. 当遇到挫折或困难时应做到自我悲悯，能够用________________的、________________的态度对待自己，并且意识到别人也会遇到类似的挫折。

7. 自我悲悯与自我纵容不同，它可以为我们带来________________、________________、________________的情绪和态度。

8. ________________是指来自家庭、亲友和社会各方面（如同事、组织、团体和社区等）的精神和物质支持。

9. 无论遇到怎样的挫折，都要牢记________________至上，用积极的心态去面对，相信一切苦难终将过去。

10. 抗逆力是指个体在面临________________、________________、________________及其他压力情境时的有效适应能力。

二、选择题

1. 下列不属于挫折情境是（　　）。

A．突然失业　　B．对现状的失望

C．考试没有拿到第一名　　D．突发疾病

2.【多选】面对挫折，下列做法正确的是（　　）。

A. 怨天尤人

B. 积极总结经验，找出失败的症结

C. 把失败看作成功的必由之路

D. 接纳挫折中不能改变的因素

3. 小何和小宁在高考中双双落榜，他们都非常难过。不久，小何又重新打起精神，准备复读，第二年终于考上了理想的学校；而小宁却一直情绪低落，愁眉苦脸，什么事也做不好。对此认识正确的是（　　）。

A. 小何没有挫折感，小宁则受到了挫折的严重打击

B. 导致他们遭遇挫折的挫折情境不同

C. 小何比小宁聪明

D. 对待挫折情境的认知不同，挫折反应也不同

4. 孙中山先生说："吾志所向，一往无前，愈挫愈奋，再接再厉。"这句话说明（　　）。

A. 人永远无法战胜挫折　　B. 挫折促使人奋发向上

C. 挫折不利于个人发展　　D. 挫折对个人的成长起阻碍作用

5. 遭遇挫折后，正确的应对方法是（　　）。

A. 自我悲悯　　B. 踌躇不前

C. 怨天尤人　　D. 自怨自艾

6.【多选】下列属于自我悲悯的是（　　）。

A. 自我友善　　B. 正念

C. 普遍人性　　D. 自我批判

7. 遭遇挫折后，受挫者的下列行为中不属于寻求社会支持的是（　　）。

A. 向心理咨询师求助　　B. 以友善、关心的态度来对待自己

C. 寻求父母的理解和支持　　D. 向朋友倾诉

8. 对于遭受挫折后所产生的负面情绪，下列说法中不正确的是（　　）。

A. 遭受挫折后产生负面情绪是正常的

B. 负面情绪不会随时间而发生变化

C. 负面情绪可以通过物质上的支持来缓解

D. 自我悲悯有利于克服负面情绪

9. 下列有关"生命至上"的说法错误的是（　　）。

A. 只有生命存在，才会拥有未来

B. 自己的生命高于一切

C. 生命至上体现了中国人民深厚的仁爱传统

D. 生命至上体现了中国共产党人以人民为中心的价值追求

10.【多选】下列选项中有利于提升抗逆力的是（　　）。

A．明确人生目标

B．保持乐观、豁达的心态

C．对成就感很低的小事毫不在意

D．积极参加团体活动

三、判断题

1．个人的挫折反应仅受挫折情境的影响。（　　）

2．挫折认知是指个体在挫折情境下所产生的烦恼、困惑、焦虑、愤怒等感受以及相应的行为表现。（　　）

3．当现实自我和理想自我之间的差距较大时，人们就容易产生挫折感。（　　）

4．面对自然灾害这种无法改变的挫折因素，我们要学会接纳。（　　）

5．遭遇挫折时，要直面困难，不要轻言放弃。（　　）

6．与挫折做斗争会消磨自身的意志，所以我们应该尽量避免直面挫折。（　　）

7．自我悲悯就是在遭遇挫折时沉浸于自我悲伤、自我同情之中的做法。（　　）

8．为了应对挫折，需要建立自己的社会支持体系。（　　）

9．无论遇到什么样的挫折，都要牢记利益至上。（　　）

10．提升抗逆力只需要保持乐观的心态即可，与其他无关。（　　）

四、简答题

1．挫折反应是什么？它与挫折情境和挫折认知之间有怎样的关系？

2．如何正确看待挫折？

3．如何正确应对挫折？

4．社会支持包括哪些方面？它有哪些作用？

5．抗逆力有哪些作用？

五、辨析题

1．故天将降大任于是人也，必先苦其心志，劳其筋骨，饿其体肤，空乏其身，行拂乱其所为，所以动心忍性，曾益其所不能。

2. 只有明确远大的人生目标，才能提升抗逆力。

六、案例分析题

中国古代史学家司马迁即使身陷囹圄，遭受不堪之辱，仍矢志不渝，发愤著书，撰写出了中国历史上第一部纪传体通史——《史记》；德国作曲家贝多芬，在双目失明且双耳失聪后仍顽强地扼住了“命运的咽喉”，创作出了《第九交响曲》等传世杰作；作家海伦·凯勒年幼时患病，双目失明，双耳失聪，但她自强不息，以惊人的毅力给世人留下了《假如给我三天光明》等优秀作品。

【思考】

1. 这些名人事迹说明了什么？

2. 自己在应对挫折时存在哪些方面的不足？该如何提升自己，以弥补这些不足呢？

第三节

认识情绪，管理情绪

提纲挈领

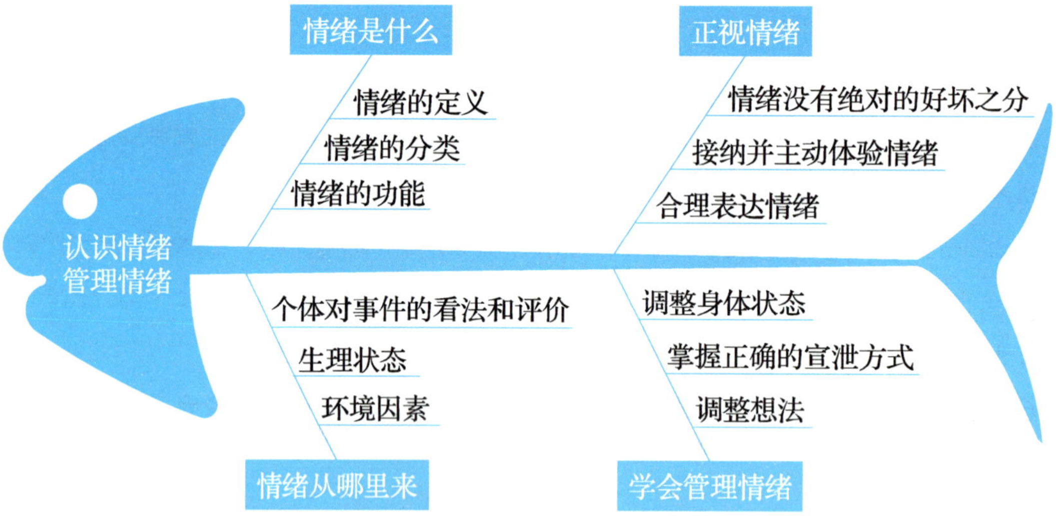

启迪心灵

控制情绪的玻璃球

赵女士是一个脾气暴躁、情绪波动极大的人，经常因为小事和别人吵架，她的人际关系也因此愈来愈紧张。

前段时间，赵女士打电话向朋友王女士求助。王女士告诉她："你现在要做的第一件事是让自己冷静下来，好好调整一下自己的心态，慢慢地一切都会好起来。"听了王女士的话，赵女士休了一个长假，好好地放松了一下。

假期结束后，赵女士的状态趋于稳定。王女士来看望赵女士，建议道："在你发脾气之前，不妨冷静下来想一想，究竟是什么原因让你如此生气。当下你有两种解决方法，一种是将情绪爆发出来，另一种则是克制住情绪，之后再解决。"接着，王女士拿出了两个透明的刻度瓶，里面分别装了一半刻度的清水，随后又拿出了两个塑料袋。

赵女士打开这两个塑料袋，发现其中一个装着透明玻璃球，另一个装着蓝色玻璃球。王女士说："当你生气的时候，就把一颗蓝色玻璃球放到左边的刻度瓶里；当你克制住坏情绪的时候，就把一颗透明玻璃球放到右边的刻度瓶里。"

在此后的一段时间内，赵女士一直按照王女士的建议去做。一个月后，二人把这两个刻度瓶中的玻璃球都捞了出来。这时，装有蓝色玻璃球的刻度瓶里的水变成了蓝色。原来，这些蓝色玻璃球是王女士把水溶性蓝色涂料涂到透明玻璃球上做成的，这些玻璃球被放到水中后，蓝色染料溶解，水就变成了蓝色。

王女士对赵女士说："你看，原来的清水投入'坏脾气'后，就被污染了。而你的言行举止就像玻璃球一样，是会感染别人的。当心情不好的时候，你必须控制好自己的情绪。否则，坏情绪一旦发泄到别人身上，就会对别人造成伤害。"

后来，赵女士发现，当有意识地控制自己的情绪后，真的不会乱发脾气了，做事情也容易理出头绪。

当王女士再次来看望赵女士时，二人又惊喜地发现，那个放透明玻璃球的刻度瓶竟然溢出水来了。此时的赵女士已经能够自如地控制自己的情绪，每当有不好的情绪出现时能很快发现，当情绪即将失控时也能及时制止。从此，赵女士的人际关系变得越来越和谐，生活也越来越舒适。

【思考与感悟】

假如你在生活中遇到像赵女士一样的情况，你会如何解决？

千锤百炼

一、填空题

1. 情绪是指个人内心的____________，以及相应的____________和____________。

2. 情绪按愉悦度的不同可分为______________和______________两种。

3. 正性情绪能够使人心情______________，提高学习和工作的______________，是维系和谐人际关系的______________。

4. 负性情绪会使人心情______________，从而会影响人的______________，但能提醒我们远离______________和______________。

5. 情绪是人和______________相互作用的产物，它的产生和变化既受到环境因素的影响，也受到______________的影响。

6. 有些食物、饮料或药物会影响人的______________，从而影响人的情绪体验。

7. 积极的想法有利于产生______________，消极的想法通常会带来情绪的困扰。

8. 要成为情绪的主人，首先需要______________。

9. 主动通过______________、______________等方式来表达消极情绪，能够减轻其对免疫系统功能的消极影响，从而维护人的身体健康。

10. 人们可以通过调整_________________来改变负性情绪，或通过正确的方式适度_____________负性情绪，也可以通过调整自己的______________来提升正性情绪，以积极主动地管理自己的情绪。

二、选择题

1. 下列选项中，属于负性情绪的是（　　）。

A. 开心　　B. 兴奋

C. 恐惧　　D. 满足

2.【多选】正性情绪可以（　　）。

A. 使人心情舒畅　　B. 提醒人们远离危险

C. 维系和谐的人际关系　　D. 提高工作效率

3. 下列选项中，情绪不具有的功能是（　　）。

A. 适应功能　　B. 组织功能

C. 动机功能　　D. 控制功能

4. 下列选项中，（ ）不是情绪的环境影响因素。

A. 人的生理状态　　B. 天气的变化

C. 重大社会事件　　D. 即将到来的考试

5. 某中学有一名足球队教练，有一次他的球队在连续获得 10 次比赛胜利后输了球，他却高兴地说："太好了！我们终于可以集中精力赢球而不必担心输球了！"这位教练在输球后的态度表明（ ）。

A. 他不能正确对待输球和赢球　　B. 他对比赛结果无所谓

C. 输球是件令他高兴的事　　D. 他能够正视自己的情绪

6. 下列选项中，属于合理表达情绪的方式有（ ）。

A. 大打出手　　B. 主动与人交谈

C. 生闷气　　D. 大吼大叫

7. 在你心情不好、做事不顺利的时候，正确的调节方式是（ ）。

A. 全面客观地看待事情　　B. 向亲人倾诉

C. 保持健康、规律的生活　　D. 以上都对

8.【多选】不合理的信念往往会导致情绪的困扰，下列选项中属于合理信念的是（ ）。

A. 我自己很笨

B. 留得青山在，不怕没柴烧

C. 金无足赤，人无完人

D. 这次做错了，但我发现了问题的所在，下次一定能做好

9. 关于睡眠，下列说法中不正确的是（ ）。

A. 每天睡眠时间应达到 8 小时　　B. 长期失眠会影响注意力

C. 睡眠与情绪无关　　D. 坚持运动有利于睡眠

10.【多选】关于情绪的管理，下列说法中正确的是（ ）。

A. 要正确宣泄情绪　　B. 要调整负性情绪

C. 要提升正性情绪　　D. 要抑制所有情绪

三、判断题

1. 情绪不能影响其他心理过程，如注意、记忆、思维和决策等。（ ）
2. 情绪交流有助于人与人之间建立和维持关系。（ ）
3. 人们在需要得到满足、愿望得以实现时，就会产生正性情绪。（ ）
4. 负性情绪都是有害的。（ ）
5. 压抑或回避自然产生的情绪，可能会影响身心健康。（ ）

6. 当产生不良情绪时，可以找别人吵一架或打一架发泄出来。 （ ）
7. 用语言把自己的情绪描述出来是合理表达情绪的方式。 （ ）
8. 愤怒情绪具有一定的积极作用，不需要调节。 （ ）
9. 通过改变自己的想法可以调整自己的情绪。 （ ）
10. 负性情绪会引起身体不适，而身体的不适又会导致负性情绪的产生。 （ ）

四、简答题

1. 影响情绪产生和变化的因素主要有哪些？

2. 如何做到正视情绪？

3. 如何改善负性情绪？

4. 管理好自己的情绪有什么益处？

五、辨析题

1．情绪是不能调节和控制的，在情绪面前每个人都无能为力。

2．不合理的信念不会产生负性情绪，因此不必调整。

六、案例分析题

半年前，小张毕业后去了一家公司做产品销售工作。由于小张平时表现不错，业务能力也很强，因此部门经理有意培养她当项目负责人，准备让她管理一个销售团队。正好有个项目比较急，部门经理没对小张进行综合考核，就让她走马上任了。

一开始，小张与员工们相处得还比较融洽，项目的进展也很顺利。但不久后，每当小张遇到不顺心的事，就控制不住自己而把情绪发泄给员工。有一次，她因一名客户没有选购她们公司的产品而对员工大吼大叫，还在办公室里摔手机。员工们都对她避之唯恐不及，纷纷向部门经理要求将自己调到其他销售团队。部门经理了解情况后对小张的情绪化行为非常惊讶，为提拔她作项目负责人的事感到十分后悔。由于未能获得领导和员工的认可，小张干得很不顺心，不久便离开了这家公司。

【思考】

在这个案例中，小张的根本问题是什么？你认为她应该如何调整自己？

第四节

呵护花季，激扬青春

提纲挈领

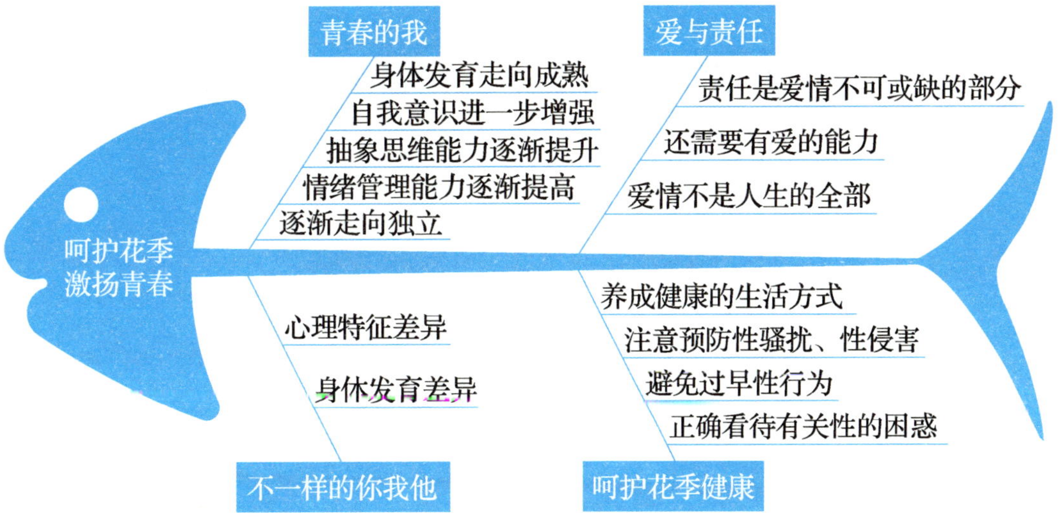

启迪心灵

你眼中的青春是什么?

有人说青春是宽大的校服，是一场场考试；还有人说青春是同桌的你，是上铺的兄弟。而作家梁晓声在《飘扬起你青春的旗》里，对青春是这样描述的：

我将青春短暂这一个事实告诉青年朋友们，当然不是想使青年朋友们对人生产生沮丧。恰恰相反，青春既然那么的短暂，处在青春阶段的人，就应善待青春！珍惜青春！

而我最终想说的是——人啊，如果你正处在青春时期，无论什么样的挫折，无论什么样的失落，无论什么样的不公平，都不要让它损害或玷污了你的青春！

青春应该经得起失恋……

青春应该经得起一无所有……

青春应该经得起社会对人生的抛掷……

青春应该经得起别人的白眼和轻蔑……

因为，人在生命充盈着饱满外溢的活力的情况之下都经不起的事，在生命的另外时期就更难经得起了……

【思考与感悟】

你眼中的青春是什么呢？正值青春的你应当怎样面对生活中的挑战呢？

千锤百炼

一、填空题

1. 青春期是从____________到______________的过渡期，进入青春期后，个体的____________和____________都会发生巨大的变化。

2. 青春期身体的快速发育和性成熟，与_____________系统分泌的激素密切相关。对青春期发育影响最大的激素是____________和____________。

3. 随着____________的增强，青少年更容易专注于自我，且认为周围的人也都会关注自己。

4. ____________是指个体时常认为自己是其他人注意和关心的焦点，好像自己在舞台上。

5. ____________是指个体相信自己是特殊的、唯一的，可能会促成青少年的冒险行为。

6. 青少年的个体差异主要体现为____________差异和____________差异。

7. 青少年的个体差异在一定程度上受到____________影响，也与____________有关。

8. 真正的爱情，需要双方互相______________、互相______________、互相______________、互相______________，更需要双方承担应有的______________。

9. 在学生时期，以认真负责的态度完成自己的_______________，获得未来就业的_______________，培养健全的人格和_______________的能力，是未来维系爱情和家庭的重要基础。

10. 青少年在与异性交往时，应遵循_____________、_____________等原则，避免逾越正常交往的边界。

二、选择题

1. 小刚是某中职学校的学生，他觉得自从过了 15 岁之后，自己跑步和游泳都比以前有了很大的进步。这体现了中职生身体发育中（　　）。

A. 身高和体重的变化

B. 性发育和性机能成熟

C. 心、肺、肌肉和脑的功能渐趋完善

D. 骨骼和体型的增长

2.（　　）能促进骨骼、内脏和肌肉等的生长，促进蛋白质合成，影响脂肪和矿物质代谢，在人体生长发育中起关键作用。

A. 生长激素　　B. 益生菌

C. 维生素　　D. 性激素

3. 小文总觉得自己是独特的，认为在别人身上出现的问题不可能出现在自己身上。这种认知属于（　　）。

A. 自我重构　　B. 个人神话

C. 假想观众　　D. 自我独立

4. 进入青春期后，虽然小丽的体重在正常范围之内，但她总觉得自己太胖，吃饭时总是提不起食欲。这种现象说明小丽存在（　　）。

A. 神经性贪食症　　B. 抑郁症

C. 焦虑症　　D. 神经性厌食症

5. 下列选项中，不属于性格特征的是（　　）。

A. 外向活泼　　B. 思维敏捷

C. 热情大方　　D. 小心谨慎

6. 在与他人交往时，下列行为中正确的是（　　）。

A. 尊重个体之间的差异　　B. 嘲笑他人的长相

C. 给他人起绰号　　D. 嫉妒他人的才能

7. 在爱情三角理论中，爱情不包含（　　）。

A. 激情　　B. 亲密

C. 浪漫　　D. 承诺

8.【多选】恋爱双方要处理好恋爱中可能出现的矛盾和挫折，应做到（　　）。

A. 互相理解　　B. 互相猜疑

C. 互相包容　　D. 坦诚相待

9.【多选】关于培养健康性心理的方法，下列说法中正确的是（　　）。

A. 从正规渠道获取科学的性知识

B. 养成健康向上的生活方式

C. 回避任何与性有关的话题

D. 培养在体育运动、艺术活动等方面的兴趣爱好

10. 关于性骚扰和性侵害，下列说法中错误的是（　　）。

A. 受害人可能是男性

B. 侵害者可能是陌生人，也可能是周围的熟人

C. 受害者可能出现创伤后应激障碍

D. 只有肢体行为的冒犯和侮辱才是性骚扰

三、判断题

1. 青少年的身体发育与环境无关。 ( )

2. 青少年期是自我重构的时期，个体的自我意识会进一步增强，使个体最终获得对自我的身份认同，并形成稳定而成熟的自我。 ( )

3. 假想观众是一种认知偏差，可能会促成青少年的冒险行为。 ( )

4. 走向独立的青少年，由于其自我控制能力不足，难以对行为后果进行理性分析，因此更容易冲动，出现危险行为。 ( )

5. 与同龄人相比，发育偏早或偏晚不会带来心理上的挑战。 ( )

6. 小李不喜欢冒险，也不喜欢与人亲近，说明其人格的外向性较低。 ( )

7. 责任是爱情不可或缺的部分。 ( )

8. 把爱情看作自己人生的全部，是一种错误的认知。 ( )

9. 进入青春期后，小张对异性的兴趣与日俱增，有时在睡觉时还会做和性有关的梦，这是一种不正常的现象。 ( )

10. 性骚扰、性侵害是违法犯罪行为，青少年对此要有自我保护意识，学会用法律武器保护自己。 ( )

四、简答题

1. 简述青春期身体发育的特征。

2. 进入青春期后，人的抽象思维能力会出现哪些变化？

3．如何正确看待人与人之间的身心发展差异？

4．如何正确看待爱情？

5．对于青少年来说，过早性行为有哪些危害？

五、辨析题

1．青少年可以很好地将自己的情绪控制在稳定状态。

2．健康向上的生活方式就是规律的生活作息习惯。

六、案例分析题

中职生小陈对同班的一位女生有好感，于是向她表白了。该女生感到很新奇，便同意了与小陈谈恋爱。之后，他们形影不离，一起上学，一起吃午餐，一起放学回家，总有说不完的话。每到周末，他们就想法设法从家里跑出来，一起看电影、逛公园，两人都觉得特别开心。可是时间一长，两人在一起没了之前的新鲜感，愈发觉得无聊，便互相疏远了对方。不久后，该女生便向小陈提出了分手。对此，小陈感到很失落，时常问自己：“我和她之间是不是真有爱情呢？”

【思考】

1．案例中小陈与该女生之间的感情是爱情吗？

2．对于上述失落情绪，小陈应如何克服呢？请谈一下你的看法。

明心见性

成长是一个不断认识自我、完善自我、提升自我的过程。在日常生活中，我们往往不能客观、真实地认识自我，及时发现自己的优缺点，以致无法有效地完善自我、提升自我。你认为自己是一个什么样的人呢？请扫描下方二维码，通过其中的心理测试来认识自我吧。

扫一扫

认识自我——心理测试

躬行实践

情绪改善方案制订与执行

请选择自己现阶段存在的或曾经出现过的最不满意的情绪，有针对性地为自己制订一个情绪改善方案，按照方案进行锻炼，并在方案执行完毕后评价情绪改善效果。（例如，针对自己的社交恐惧心理，制订一个每天认识五个陌生人的方案，坚持 30 天后，做出效果评价……）

一、过程记录

最不满意的情绪：

情绪诊疗方案：

实施难点及解决方法：

效果评价：

二、活动评价

指导老师参考表 2-1 对学生情绪改善方案的制订与执行情况进行评价。

表 2-1　活动评价表

评价标准	评价细则	满分/分	评分/分
情绪改善方案制订与执行	自我认识准确，方案主题合理	20	
	方案内容科学合理，切实可行	40	
	方案执行到位	20	
	活动记录清晰、准确	20	
合计		100	
指导老师评价			

第三章

和谐交往　快乐生活

第一节

珍视亲情，学会感恩

提纲挈领

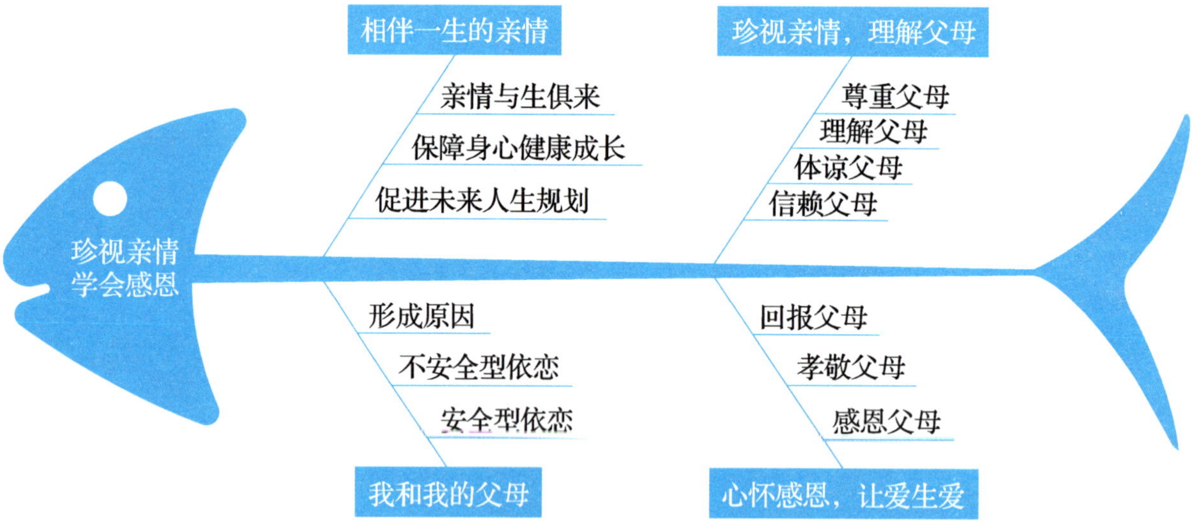

启迪心灵

伟大的母亲

母亲是黑夜里守候的灯塔
无论道路泥泞
总可以让我找到回家的路
母亲是一坛陈年的老酒
时光流走，爱和牵挂不变
愈发醇美
母亲是我孩提时温柔的呵护
无论有多少伤痛
轻轻的爱抚会让我勇敢擦干眼泪
在风雨中挺起胸膛
母亲是我天地间幸福的源泉
母亲是我心灵中永恒的家
母亲您在，爱就在……

【思考与感悟】

读了这首赞美母亲的诗歌，你有什么感悟？

千锤百炼

一、填空题

1. 在婴儿时期，我们就与父母建立了最初的亲子依恋关系，因为父母对孩子的抚育方式存在差异，亲子依恋关系可分为______________和______________两种。

2. 不同的家庭环境和相处模式会形成不同类型的亲子关系。其中，______________、______________的亲子关系是最理想的亲子关系。

3. 当我们对父母的唠叨或指责感到不满时，应尝试从他们的立场出发思考问题，体会父母的心情，做到________________________。

4. 在人际交往中，______________是重要的为人处世方式，站在对方的角度去看待问题，可以帮助我们更好地与人相处。

5. 与父母相处时，我们应做到________________________，让父母知道我们内心的真实想法，从而化解误会，营造互相信任、彼此理解的亲子关系。

6. 孝敬父母是中华民族的传统美德，我们应做到铭于心、______________、______________，让父母感受到我们的爱与关怀。

二、选择题

1. 良好的亲子关系应该是亲密和谐的，下列不属于良好亲子关系表现的是（　　）。

A. 小王的父母经常在邻居面前夸奖小王懂事孝顺

B. 小李在学习和生活中遇到困难时及时向父母求助

C. 小宋的父母工作繁忙，小宋通常都是一个人上学、吃饭，很少与父母沟通

D. 小林取得了作文比赛第一名，第一时间与父母分享喜悦

2.【多选】小王告诉妈妈周末和同学约好了一起去打篮球，下列关于妈妈的回应中可以增进亲子关系的有（　　）。

A. “好的，路上注意安全，回来前和妈妈说一声，给你准备晚餐。”

B. “整天就知道玩！作业做完了么？”

C. “去哪里？和谁去？什么时间回来？”

D. “安排好学习和运动的时间，劳逸结合。”

3.【多选】安全性依恋的具体表现有（　　）。

A. 父母陪同时，婴儿会自主探索新环境，愉快玩耍

B. 父母在身边时，婴儿对陌生人友好大方，乐于交往

C．对父母十分依赖，当父母不在身边时会生气、哭闹

D．对父母的互动有积极暖心的回应

4．在一次数学考试中，因为题很难，小米的分数刚刚及格，爸爸不问青红皂白就批评了她。小米虽然心里很委屈，但她想爸爸也是为自己好，所以她选择了委婉地向爸爸解释。这说明她做到了（　　）。

A．体谅父母　　B．信赖父母

C．重视父母　　D．孝敬父母

5．随着年龄的增长，我们可能与父母观念不同，容易产生分歧，关系也似乎开始疏远。对此，我们应该做到（　　）。

A．冷漠对待，不理睬它

B．服从父母的所有意见

C．与父母坦诚沟通，消除误会，达成共识

D．千方百计说服父母听从我们的意见

6．“百善孝为先”告诉我们要（　　）。

A．关爱他人、尊重他人　　B．严于律己、宽以待人

C．孝悌忠信、孝敬父母　　D．勤学苦练、自强不息

7．小黄在学校努力学习，凭借优异的成绩和综合素质获得了奖学金，他用奖学金为父母买了他们喜欢的礼物。这说明他做到了（　　）。

A．对父母盲目顺从　　B．珍惜亲情，回报父母

C．不懂得关心自己　　D．用行动获得别人的赞美

三、判断题

1．家人的合理期望能够激励我们更加积极进取，我们也能从家人的认可和鼓励中提升自信心。（　　）

2．有的婴儿在父母离开时会生气、哭闹、焦虑，对陌生人冷漠或戒备，这是不安全型依恋的表现。（　　）

3．亲子关系是一成不变的，不需要维护。（　　）

4．在生活中，亲子之间产生或轻或重的误会与分歧是不可避免的。（　　）

5．孩子永远是孩子，唯有无条件听从父母的建议，才能更好地长大成人。（　　）

6．亲子之间发生冲突是正常的，可以任其自然发展。（　　）

7．父母与子女之间存在“代沟”且无法跨越，彼此之间无法理解和信任。（　　）

四、简答题

1. 亲情与生俱来，陪伴我们一生，请简述亲情的重要性。

2. 简述不同类型的亲子关系及其形成原因。

3. 当我们和父母因观念不同而产生分歧时，应如何妥善化解与处理呢？

4. “谁言寸草心，报得三春晖。”我们应如何回报父母的养育之恩呢？

5．我们可以通过哪些方式表达对父母的爱呢？

五、辨析题

1．亲子沟通要讲究方法，只有良好的沟通才能营造温馨的家庭氛围。

2．现代亲子之间产生矛盾与冲突，出现关系不和谐的情况，完全是受父母对孩子态度的影响。

3．我们应时刻陪在父母身边，回报父母的养育之恩。

六、案例分析题

1. 周先生在做创意总监时，曾经招聘过一名美编。那天下着大雪，一位50多岁的女士，带着自己女儿的3D设计图找到他，想要他给自己女儿一次机会。从她带来的作品中，周先生可以看出她女儿的才华，就向这位女士要了联系方式，随口说了句：“你下去等消息吧。”没想到这位母亲就在没有暖气的大厅里站了四个小时，一直等到他下班。

后来，周先生特意通知那个女孩来面试，不仅是因为她的才气，还因为她的母亲。女孩来面试时满脸不乐意。面试前，她与公司的前台闲聊。原来，女孩不想待在这个城市，一心想着去大城市，说大城市里才有发展前途，但母亲不让她去，怎么说都不听。母女冷战了好几天，最近才稍微缓和了一点。

轮到这个女孩面试的时候，周先生让她设计一位母亲在冰天雪地里等孩子回家的画面，不用绘草稿，直接用语言表达。她确实小有才气，口若悬河，天气、时间、环境甚至连暖与寒的对比都说了出来。身边的老板很满意。而就在此时，周先生说了句：“你知道吗？你妈妈把你的图纸送来时，因为听错了一句话，在寒冷的大厅里等了四个小时。”女孩听后沉默了，在场的所有人都沉默了。

后来这个女孩留了下来，在公司聚会时与周先生谈心，她说：“就在那一刻，我突然明白了母亲的苦心，母亲是希望我留在永远不会让她感到担心的地方。”

【思考】

（1）在上述案例中，女孩与母亲的冲突点是什么？

（2）通过上述案例，你对父母与孩子之间的关系有什么看法？

2. 小林的家庭条件一般，但他从小就乖巧懂事，勤奋好学，自尊心也很强。由于小林的父母长期在外地打工，因此小林一直由亲戚照顾，与父母的交流机会很少。尽管日子过得有些辛苦，但小林成绩优异，顺利考入了市里最好的高中。然而，当生活正在向着好的方向发展时，一件意想不到的事情让这个家陷入了困境。

高一时，小林与同学发生争吵，对方辱骂了小林的父母，小林一怒之下动手打了对方。得知此事后，在没有问清缘由情况下，小林的父母一味责怪小林。本来父母与孩子的交流就较少，而且事件的缘由是为了维护父母。小林一时想不通，竟患上了轻度抑郁症，整天将自己关在房间里，不愿意去上学，这让小林的父母悔之不及。

【思考】

通过上述案例，你认为小林的父母与小林应该如何正确处理亲子关系呢？

第二节

良师相伴，亦师亦友

提纲挈领

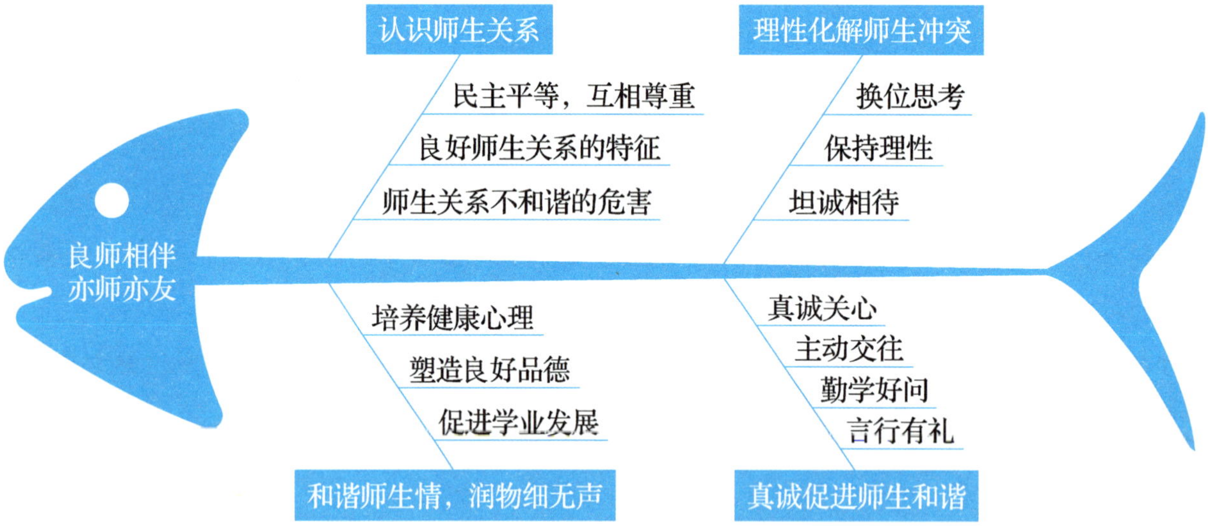

启迪心灵

居里夫人和她的老师

居里夫人在取得巨大成就和受到世人无限敬仰时，首先想到的是少年时教自己法语的欧班老师，因为她知道，如果当初没有老师细心严格的教诲，自己不可能取得这样伟大的成就。

这一天，欧班老师收到一封信，寄信人是玛丽·居里。欧班老师不敢相信，还以为是邮局弄错了呢！直到送信的人十分肯定收信人没错，她才用颤抖的手拆开了信封。

欧班老师颤颤巍巍地戴上老花镜，拿着信仔仔细细地读了起来，读着读着，激动的泪水涌出了眼眶，原来写信人竟是20年前门门功课都考全班第一的小姑娘玛丽亚！居里夫人在信中向欧班老师深表敬意，告诉老师，她一直在法国从事科学研究，并且诚恳地邀请老师到巴黎做客，细心的居里夫人还把往返的路费一起寄了过来。

过了不久，久别的师生就重逢了，居里夫人在家里热情接待了欧班老师。她亲自下厨做菜，向老师祝酒。饭后又和老师紧紧挨在一起，亲切地谈心。她使欧班老师忘掉了一切拘束，忘掉了面前的这位女士是诺贝尔奖的获得者。

1932年5月，华沙镭研究所建成了。作为赞助人的居里夫人愉快地接受了国家的邀请，到华沙去参加开幕式。这天，全世界许多著名人物都簇拥在居里夫人周围，有许多国家的领导人，有各个领域最著名的科学家，还有居里夫人的亲朋好友。

开幕式快要开始的时候，居里夫人忽然从主席台上快步走下来，捧着鲜花穿过人群，来到一位坐在轮椅上的老妇人面前。居里夫人深情地亲吻了这位老妇人，然后轻轻推着她的轮椅向主席台走去。回到台上，居里夫人向大家介绍，这位老人就是自己少年时代的老师欧班女士。会场里的人见到这情景，投来敬佩的眼光，全体起立热烈地鼓起掌来。这位80岁的老人流下了激动幸福的泪水。

【思考与感悟】

师恩如海，衔草难报；教泽流芳，倾我至诚。你认为该用怎样的行动来回报那些谆谆教导我们的老师呢？

千锤百炼

一、填空题

1. 老师应以______________的方式对待学生，与学生商讨并制订最合适的学习目标和学习计划。

2. 在生活中，老师应成为学生的______________，与学生友好互动与交流，促进学生身心健康成长。

3. 孔子是我国历史上著名的教育大师，他用“__________________________”教导学生要时刻保持谦逊。

4. 我们要把老师的表扬当成______________和______________，把老师的批评当成______________，虚心接受老师的教诲与评价。

5. 很多师生之间产生矛盾的原因是误会，______________是消除误会的法宝。我们应与老师坦诚交流，及时消除误会。

6. ______________是中华民族的传统美德，每一位学生都应该严格遵守。我们见到老师应主动问好，上课时应积极回答问题，努力学习理论知识与实操技巧。

二、选择题

1.【多选】良好的师生关系应包括（　　）等特征。

A. 尊师爱生　　B. 教学相长

C. 敬而远之　　D. 民主平等

2. 师生之间应互相尊重、信任，从而建立良好的师生关系。下列不属于良好师生关系表现的是（　　）。

A. 王老师平日里亲切温和，但课堂上学生们不听讲时，他会毫不留情地批评教育

B. 小李上课总是坐在第一排，认真听讲并积极向老师请教问题

C. 小黄的实习带教师傅工作很忙，小黄也不主动找师傅，总是感到无所适从

D. 张老师在课堂上经常鼓励学生，激发了学生们高涨的学习热情

3.【多选】良好的师生关系有助于（　　）。

A. 激发学生的学习热情和老师的教学热情

B. 塑造学生优良的道德品质

C. 老师获得更多管理学生的权利

D. 学生的心理健康

4. 面对学生们众多的问题，老师有时候无法全面了解情况，导致师生产生误会与冲突。面对老师的误会，学生应该（　　）。

A. 与老师激烈争执

B. 找机会向老师坦诚解释，消除误会

C. 不管什么场合，立刻向老师解释

D. 完全服从老师，自己受些委屈

5. 下列选项中，不利于建立和谐融洽师生关系的行为是（　　）。

A. 老师偏爱学生　　B. 学生信任老师

C. 老师尊重学生　　D. 学生理解老师

6. 尊敬师长是中华民族的传统美德，在与老师相处时，下列行为中不合适的是（　　）。

A. 进老师的办公室先敲门

B. 直接打断老师讲话进行提问

C. 见到老师热情地打招呼

D. 谨遵老师教诲，积极学习知识与技能

三、判断题

1. 老师应该尊重、信任学生，让学生自己制订学习计划与学习目标。（　　）

2. 师生关系就是教与学的关系。（　　）

3. 师生关系可能存在疏远甚至紧张的情况。（　　）

4. 良好的师生关系有助于学生取得更好的学习效果。（　　）

5. 老师的一言一行学生们都应该去学习。（　　）

6. 师生在互动交流时难免会出现冲突与误会，需要通过及时、坦诚的沟通来解决。（　　）

7. 用正确的态度和恰当的方式指出老师的错误体现了对老师的尊重。（　　）

四、简答题

1. 简述师生之间产生冲突的原因。

2．良好的师生关系有什么积极作用？

3．简述师生冲突的化解方法。

4．简述建立和谐融洽、亦师亦友的师生关系的方法。

五、辨析题

1．老师的权威神圣不可侵犯，所以学生必须无条件服从老师的安排。

2．构建和谐的师生关系，老师发挥着至关重要的作用。

六、案例分析题

周老师在上课时，一位女生突然举手向他举报，说小庆用纸团砸她。坐在该女生后面的小庆，是一个有些调皮的学生。听完该女生的话，小庆大声辩解道："我没有砸，是小林砸的。"小林也坐在那个女生后面，是一个学习比较好的男生。

因为这堂课有其他老师旁听，周老师当时很生气，压着脾气说："那她怎么不说是小林砸的呢？你做了错事还不承认，哪儿像一个男子汉？"这句话引来了其他同学的讥笑，使小庆非常气愤，他生气地看看小林，又愤愤不平地看看老师，说了句："对！有些人敢做不敢当，算什么男子汉！"之后，小庆又是拍书又是摔笔，以此来发泄自己的怒气。为了课堂的整体教学，周老师没有再管他。

课后，周老师了解到，今天确实是小林扔的纸团，自己误会了小庆。周老师意识到自己在课堂上说的那番话肯定让小庆感到不愉快，于是赶紧找到小庆，为自己误会他的行为道了歉。小庆听到周老师的道歉，很快原谅了老师，也检讨了自己在课堂上拍书、摔笔的不当行为。

【思考】

1．在上述案例中，周老师和小庆发生冲突的主要原因是什么？他们是如何化解冲突的？

2．在学校里，你认为师生该如何建立良好的关系？

第三节

友好相处，学会合作

提纲挈领

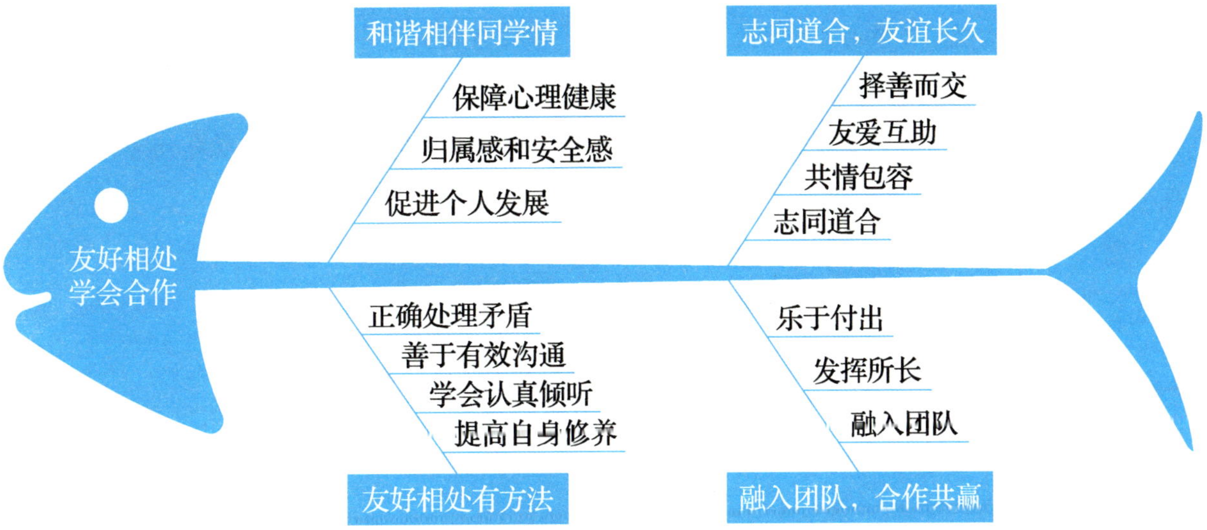

启迪心灵

智者的箴言

一位少年去拜访年长的智者。

少年问："我怎样才能变成一个自己快乐，也能带给别人快乐的人呢？"

智者笑着说："孩子，在你这个年龄有这样的愿望，已经很难得了。我送给你四句话。第一句是，把自己当成别人。你能说说这句话的含义吗？"

少年回答道："是不是说，在我感到痛苦忧伤的时候，把自己当成是别人，这样痛苦自然就减轻了；当我欣喜若狂之时，把自己当成别人，那些狂喜也会变得平和一些。"

智者微微点头，接着说："第二句话是，把别人当成自己。"

少年沉思了一会儿，说："这样就可以真正同情别人的不幸，理解别人的需要，而且在别人需要帮助的时候给予恰当的帮助？"

智者两眼发光，继续说着："第三句话，把别人当成别人。"

少年默默思索着，回答道："这句话的意思是不是说，要充分尊重每个人的独立性，在任何情形下都不能侵犯他人的核心领地？"

智者哈哈大笑："很好，很好，孺子可教！第四句话是，把自己当成自己。这句话理解起来太难了，你留着以后慢慢品味吧！"

少年说："这句话的含义，我一时体会不出。但这四句话之间有许多自相矛盾之处，我怎样才能把它们统一起来呢？"

智者说："很简单，用一生的时间和精力。"

少年沉默了很久，然后叩首告别。

后来少年变成了中年人，又变成了老年人。在他离开这个世界很久以后，人们还时常提到他的名字。人们都说他是一位智者，因为他是一个快乐的人，而且也给每一个见过他的人带来了快乐。

【思考与感悟】

阅读了智者的四句箴言，你能从中收获哪些关于人际交往的启示呢？

千锤百炼

一、填空题

1. 在校园的集体生活中，和谐的同学关系主要是指同学之间互相____________、互相____________、互相____________、共同____________。

2. 当我们在集体中被认可和接纳，并得到尊重和理解时，我们会得到_________感和_________感。

3. 青少年在集体中的同伴关系有____________、____________、____________、一般型、矛盾型等不同类型。

4. 在他人说话时____________，能够让他人感到尊重和重视，有助于增进同学之间的感情。

5. 我们应学会并善于有效沟通，学会说“不”，要____________、____________、____________，再拒绝，拒绝时要____________、____________。

6. 站在他人的视角感受他人的情感称为共情，共情可分为____________和____________两种，优秀的共情能力能够加深朋友间的友谊。

7. 团队合作能力是____________、____________、____________的必备素质。学会合作能够使个人快速融入团队，实现高效协作。

8. 在团队中，每个成员都不可能____________，但是都有自己的____________。团队成员需要了解个人优势并加以运用，齐心协力，实现个人与团队的共同进步。

二、选择题

1. 同学之间应互相帮助与支持，从而建立和谐的同学关系。下列不属于和谐的同学关系的表现是（　　）。

A. 小李和同学们一起参加全国职业院校技能大赛

B. 小王学习成绩优异，经常在课后为同学们答疑解惑

C. 小张与同学们自发帮助和照顾受伤的同学

D. 小黄与同学们交流甚少，平时总是独来独往

2.【多选】和谐的同学关系能够促进个人的成长，在与同学交往中，我们应（　　）。

A. 坦诚交流，建立真挚的友谊

B. 互相支持，互相包庇

C. 学习榜样，汲取前进的力量

D. 形影不离，过度依赖彼此

3．在同学间的交往中，学会拒绝是对自己和他人负责。运用适当的方式委婉地拒绝他人十分重要，下列拒绝他人的行为中不恰当的是（　　）。

A．选择私人安静的场所，维护对方面子

B．给出合理的拒绝理由并表达歉意，缓和对方的失落情绪

C．提供合适的替代方案

D．含蓄暗示，模棱两可，不给予对方明确答复

4．“近朱者赤，近墨者黑”，这句话告诉我们在与人相处时应（　　）。

A．择善而交，结交具有共同价值观及目标的朋友

B．团结友爱，乐于为朋友提供力所能及的帮助

C．共情包容，体谅朋友，避免朋友间发生冲突

D．互相珍惜，珍惜朋友间宝贵的友谊

5．小黄对小林说：“我付出了比其他同学更多的时间来学习，可还是未取得好的成绩，我真的很难受。”小林安慰道：“大家都看到了你的努力，一次考试成绩不代表什么，相信你下次一定会取得优异的成绩”。这说明小林做到了对朋友的（　　）。

A．互相帮助　　B．共情包容

C．宽容大度　　D．充分信任

6．当我们处在一个优秀的集体里时，我们不可以（　　）。

A．与成员高效协作，共同解决问题　　B．发挥自己的价值与闪光点

C．为实现集体目标共同努力　　D．懈怠工作，过于依靠集体力量

7．【多选】一个优秀的集体应具备（　　）等要素。

A．集体成员有共同的目标　　B．成员之间互为对手，互相提防

C．集体成员过于注重个人利益　　D．成员之间良性竞争，互相激励

三、判断题

1．个人的发展离不开他人的帮助。（　　）

2．良好的同学关系取决于双方的契合程度，不需要建立和维系。（　　）

3．小明性格内敛，在与同学交往时害羞、回避，经常被同学们忽视，他在集体中的同伴关系属于被拒绝型。（　　）

4．在团队中，一个人的能力是有限的，只有积极参与团队任务，融入团队，才能得到更好的发展。（　　）

5．与同学和谐相处就是要接纳他们所有不同的观点，按照他们的意见去做。（　　）

6. 小张学习成绩优异，经常把作业借给好朋友们抄袭，这说明小张与人为善，乐于帮助朋友，这种行为值得推崇。　　　　（　　）

四、简答题

1. 简述构建和谐同学关系的重要性。

2. 简述和谐同学关系的建立和维系方法。

3. 源于历史故事的成语“管鲍之交”常被用来形容朋友间的深厚友谊，我们应该遵循什么样的交友之道，才能建立长久的友谊？

4. 良好的团队合作能够发挥个人价值，实现共赢，我们应该如何进行团队合作？

五、辨析题

1．同学间互相理解尊重有利于维持融洽的同学关系。

2．甲：与朋友相处要坦诚并坚持原则，对于朋友的过失和不足之处，不论大小都要明确指出。如不改正，就必须和他断绝朋友关系。

乙：对待朋友要宽容大度，互相体谅，无论朋友犯了什么错误，我们都要理解和支持，否则还叫什么朋友！

六、案例分析题

1. 小纪，男，某职校学生。以下是他的自述：

一直以来，我都觉得周围的同学不太喜欢我，但表面上又相安无事，所以我很少和同学来往，同学们有事也不会找我。导致我身边没有朋友，总是觉得很孤独。

刚进学校时，我住在宿舍里，可是我的室友很吵，导致我晚上经常睡不好觉，于是我搬出了宿舍。这样虽然清静了许多，但是我和同学们的关系也越来越远了，每次我回宿舍，他们都对我视而不见。

有一次同学过生日，有人提议大家一起出去庆祝，每人出 100 元。可是我觉得 100 元太多了，为了一个同学的生日不值得，我也不喜欢热闹的环境，就拒绝了。从那以后，同学们有活动就不再叫我了。

后来，疏远我的已经不只是身边的同学了，实习时的同事也不愿与我交流。每次和他们说话时，我想要活跃气氛，可总是适得其反，总是引起别人的不快，渐渐地，他们也都疏远我了。为此，我感到很困惑。

【思考】

（1）小纪面临着什么样的问题？

（2）作为中职生，你认为应该如何与同学和朋友建立和谐的关系呢？

2．在蚂蚁建造巢穴时，每只蚂蚁都有明确的分工，有的负责挖掘土壤，有的负责搬运材料，有的负责修建巢穴结构等。蚂蚁通过团队合作，建造出了结构复杂、功能齐全的“蚂蚁王国”。

【思考】

蚂蚁通过团队合作筑巢的故事给你带来了哪些启发？

第四节

和谐校园，共同维护

提纲挈领

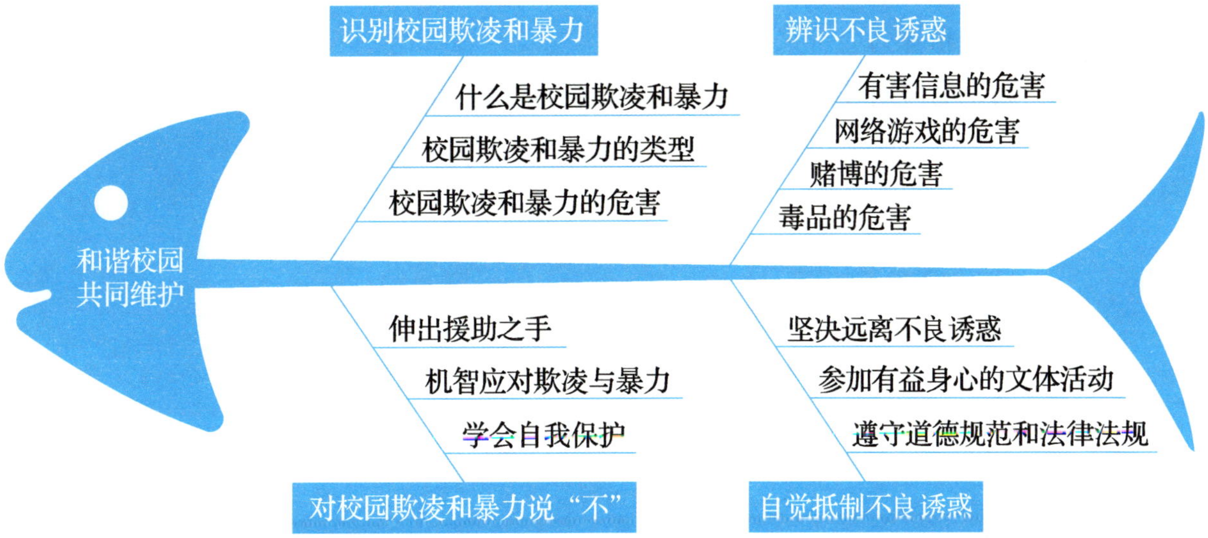

启迪心灵

预防校园欺凌和暴力　守护少年的你

为深入开展法治宣传教育，进一步增强青少年法治意识，某职业学校开展了“预防校园欺凌和暴力”的普法宣讲活动。

主讲人立足校园实际，结合典型案例，围绕与学生相关的校园欺凌和暴力等话题，结合通俗易懂的语言，以讲故事的形式为同学们讲述了常见的违法犯罪行为及其危害，以及如何提升自我保护能力等内容。通过生动鲜活、令人警醒的典型案例，教育引导学生树立遵纪守法的意识，在学生心中种下了法治的种子。

现场还设置了互动答疑环节，通过回答学生的问题，主讲人再次为学生普及了《中华人民共和国未成年人保护法》、教育部等九部门联合发布的《关于防治中小学生欺凌和暴力的指导意见》，帮助学生学会运用法律武器维护自身合法权益，提升了学生应对校园欺凌和暴力行为的自我保护能力。

【思考与感悟】

1. 你认为哪些行为属于校园欺凌和暴力？
2. 校园欺凌和暴力会带来哪些危害？
3. 如何防范与应对校园欺凌和暴力？

千锤百炼

一、填空题

1. ______________、温馨和谐的校园环境可以让我们安心地学习与生活，而______________和暴力事件，不仅会扰乱我们正常的学习与生活，还会给我们的身心健康带来负面影响。

2. 与一般的暴力行为有所区别，校园欺凌和暴力的特殊性在于________________、______________、以众欺寡。

3. 校园欺凌和暴力会对受害者的身体和精神造成损伤，根据损伤严重程度的不同，校园欺凌和暴力行为可分为______________和______________。

4. 我们要明是非、______________、______________，面对校园欺凌与暴力时要增强自我保护意识；同时也要遵纪守法，不能成为欺凌者和施暴者。

5. 在日常生活中会有各种各样的不良诱惑，如有害信息、____________________、______________、毒品等，它们会对我们的身心健康造成影响，导致我们误入歧途。

6. 艾滋病危害性极大，其主要有_____________、_____________、_____________三种传播途径。

二、选择题

1. 下列行为中，不属于校园暴力范畴的是（　　）。
   A. 小张当众嘲笑、辱骂同学
   B. 小李身强体壮，经常逼迫同学给他买零食
   C. 小黄征求同学同意后借用其物品
   D. 小赵未经允许在社交平台曝光同学的个人隐私

2. 【多选】校园欺凌和暴力有（　　）等类型。
   A. 身体欺凌和暴力
   B. 言语欺凌和暴力
   C. 精神欺凌和暴力
   D. 关系欺凌和暴力

3. 下列行为中，属于言语欺凌和暴力的是（　　）。
   A. 小林经常殴打同学，并强行向同学索要财物
   B. 小王给同学起侮辱性的外号并辱骂同学

C．小周与同伴们仗着人多势众，强行抢走了小张的新手机

D．小孙在同学之间散布小黄的谣言，导致小黄被同学们孤立

4.【多选】当我们身边发生校园欺凌和暴力时，我们应该（　　）。

A．增强自我保护意识，与朋友结伴出行

B．控制自我情绪，学会适度退让

C．袖手旁观，快速离开现场

D．避免在网络上透露个人隐私

5.【多选】当发现同学（　　）时，要警惕是否出现了校园欺凌和暴力现象。

A．身体表面无故出现瘀伤、擦伤

B．不愿上学，甚至逃学、装病请假

C．书本、文具等个人物品经常丢失或损坏

D．沉默寡言，默默刻苦学习

6．毒品会严重损害身体健康。下列选项中不属于《中华人民共和国刑法》规定的毒品的是（　　）。

A．鸦片　　　　B．吗啡

C．可卡因　　　　D．咖啡

7.【多选】远离不良诱惑的方式有很多，下列表述中正确的有（　　）。

A．培养有益身心健康的兴趣爱好

B．避免接触与性有关的一切内容

C．要重视个人修养，培养正确的人生观和是非观

D．专注学业，努力实现个人目标

三、判断题

1．校园欺凌和暴力只会对施暴者造成伤害，旁观者不会受到影响。（　　）

2．当我们遭受校园欺凌与暴力时，一定要立即向家长与老师求助。（　　）

3．当校园欺凌与暴力即将发生时，我们首先应想到的是采取坚决的反击。（　　）

4．沉迷网络游戏会导致青少年与真实生活脱节，严重影响他们健康成长。（　　）

5．一般的接触并不能传染艾滋病，所以在生活中我们不应歧视艾滋病患者。（　　）

6．不良诱惑会诱发不良行为，导致我们误入歧途，因此我们必须抵制一切诱惑，才能健康成长。（　　）

四、简答题

1. 简述应对网络欺凌和暴力的方法。

2. 我们身边常见的不良诱惑有哪些？它们有哪些危害？

3. 作为中职生，我们应该如何自觉抵制不良诱惑？

五、辨析题

1. 校园欺凌和暴力是受害者的噩梦，同时也是欺凌和施暴者的噩梦。

2. 未成年的小明认识了一帮社会朋友，他们经常怂恿小明抽烟、喝酒。小明认为，做“兄弟”要讲情义，不能驳了“兄弟”的面子。

3. 多数人在青少年阶段都会对性产生强烈的冲动和好奇，这是人体的正常生理反应，所以接触网络上的不健康文字、图片等不会产生不良后果。

六、案例分析题

小陈是某中职院校的一名学生。一天傍晚，小陈在教学楼的拐角处不小心将小李刚买的饭菜打翻了。小陈赶忙对小李道歉，主动提出赔偿小李的损失，并承诺帮他重新买一份饭菜。脾气暴躁的小李不接受赔偿，并和他的同学不断辱骂小陈。小陈为了不激怒小李，一直诚恳道歉。没想到小李变本加厉，还和他的朋友一起殴打小陈。在被殴打的过程中，小陈采取了必要的自卫手段，防止自身受到更严重的伤害。

这件事情发生后，小陈总是恐惧不安，还出现了抑郁、失眠等不良症状。思前想后，小陈决定向辅导员寻求帮助。他告诉了辅导员事件的原委。在辅导员和学校领导的帮助下，小李和他的同学受到了处分，小陈也逐渐走出了阴霾。

【思考】

1．上述案例中，小陈受到了哪种类型的校园欺凌和暴力？

2．你怎么看待小陈的应对措施？

3．从上述案例中，你受到了什么启发？

明心见性

家人的关爱是真挚的情谊，可以带给我们无限温暖和安慰；家人的鼓励是坚实的后盾，会给予我们无条件的支持和依靠。良好的亲子关系，会培养孩子自信、乐观、敢于挑战等优秀的性格特质；不良的亲子关系，会导致孩子产生自卑、叛逆、缺乏上进心等性格特质。相互信任、亲密和谐的亲子关系需要亲子双方的共同努力。

想要了解自己与父母的亲密程度么？请邀请父母一起，扫描下方二维码完成心理测试，看看你们的亲子关系如何？

扫一扫

亲子关系——心理测试

躬行实践

“秉感恩之心，致寸草春晖”感恩父母系列活动

百善孝为先，父母赋予我们生命，抚育我们成长。饮水思源，知恩图报，我们应怀着一颗感恩之心，用实际行动回报父母，感谢他们的辛勤劳动与无私奉献。

请邀请父母一起参加下面两个活动，深入走进父母的生活，感悟父母的辛苦，并用实际行动表达对父母的体谅与感恩，营造亲密和谐的亲子关系。

活动一：“走近父母，感悟不易”。与父母真诚沟通，深入了解并亲身体验一天父母的日常生活，体会父母的辛苦。记录这一天的经历及心得体会，并与同学们进行交流分享。

活动二：“感恩父母，爱不等待”。给父母写一封感谢信，并精心准备一份专属于他们的特色礼物，回报父母的无私奉献。

一、过程记录

【活动一】

活动过程：

心得体会：

【活动二】

感谢信：

特色礼物：

二、活动评价

指导老师参考表 3-1 对学生的“秉感恩之心，致寸草春晖”感恩父母系列活动进行评价。

表 3-1　活动评价表

评价标准	评价细则	满分/分	评分/分
“秉感恩之心，致寸草春晖”感恩父母系列活动	亲身体验父母的日常生活，体会父母的辛苦	25	
	对活动过程进行有效记录	25	
	心得体会和感谢信能够体现真情实感	25	
	特色礼物能体现对亲情的重视和对父母的感恩	25	
合计		100	
指导老师评价			

第四章

学会学习　终身受益

第一节

主动学习，高效学习

提纲挈领

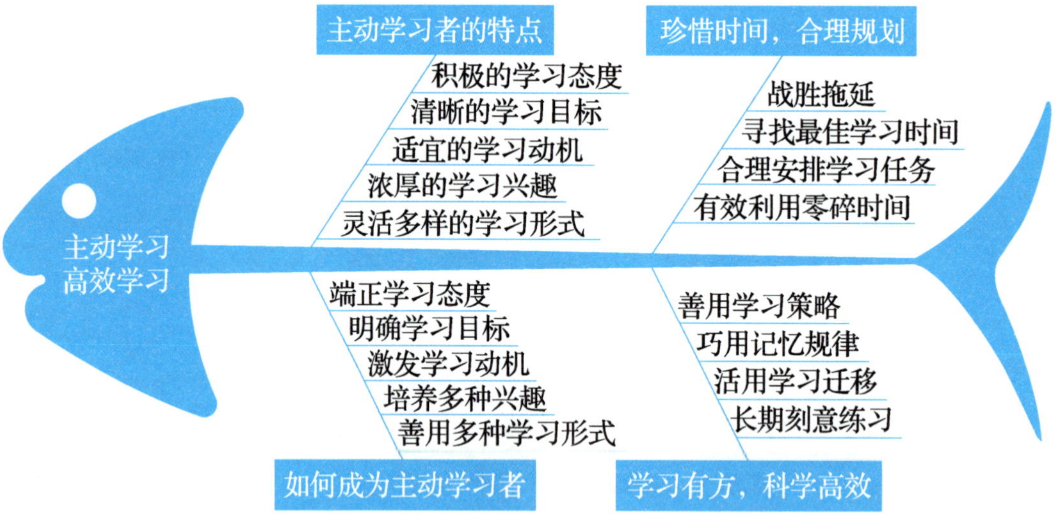

启迪心灵

排满日程，提升意志力

目前，手机已成为人们日常生活的必需品。无论是在工作场合，还是在休闲娱乐时，手机都扮演着重要的角色。为了解青少年使用手机的情况，某职业院校对在校学生进行了一次随机调查，发现仅有少部分学生每天使用手机时长在3小时及以下，而有超过一半以上的学生每天使用手机时长在5小时及以上。

1. 使用手机时间多不等于过度沉迷

就读于某职业院校的小语最近正在准备英语考试，手机是她学习必备的工具之一。“我在手机上查资料，并寻找和考试相关的信息。”小语还下载了一些专门学习英语的软件，手机里都是满满的“干货”。她每天除了看书，还在手机上看学习视频、看网友分享学习方法的帖子等。

新潮而多样的学习功能，让小语不自觉地增加了使用手机的时间。她发现，现在很多手机软件都已经实现了精准推送。有时候她本打算放松一下，但手机会自动给她推荐英语学习的内容，或者提醒她到某项线上学习活动的时间了。

2. 预防过度沉迷和依赖手机

“手机依赖”或多或少会影响人们的日常生活。某职业院校的学生小雷为自己制订了一份长期学习目标。平时，她会使用手机听英语、上网课，她的手机里有非常多的学习软件，“这些软件可以给我带来一种期待感和满足感。”但令她纠结的是，当使用手机学习的时候，她会不自觉地打开微博、微信等。“明明用的是学习软件，但动不动就想切换到别的界面上去。”使用手机学习的“副作用”导致学习效率下降，小雷试着放下手机，去图书馆找纸质资料学习。她告诫自己，一定要专心致志地按计划学习。可是，当手机摆在面前时，计划就难以长期坚持下去。“都学这么久了，适当放松一下没关系”的念头，时不时出现在她脑海中，每次都让她忍不住重新拿起手机。这样一来，学习进度就被拖慢了，她开始担心自己完不成目标。拿起手机就开心，放下手机就焦虑，这已成为小雷的日常状态。

如果使用手机不是去完成工作、生活、学习、社交等计划好的任务，而是漫无目的地消磨时间，或者一放下手机就感觉无所适从、心神不宁，甚至还会因使用手机过度而影响睡眠和正常的工作、学习，就要警惕自己是否有“手机依赖”的心理。

从心理学角度看，“手机依赖”是一种强迫心理，明明知道不应该在手机上耗费太多时间，但总是刚放下手机就又忍不住拿起来。这个问题背后的原因主要有三个：一是精神空虚，二是意志力薄弱，三是社交焦虑。针对不同的原因，可以从不同的方面来入手解决。例如，面对意志力薄弱型手机依赖者，要从提升意志力开始做起，如睡前半小时放下手机，学习工作时间不碰手机，把购物、游戏、浏览朋友圈等固定在一天的某个时间段内等。

3．要想凡事高效，必须先有计划

提前安排好计划，并坚定执行计划，对合理使用手机有一定的帮助。学生可以计划好需要使用手机的时间，如什么时间段学习、什么时间段游戏、什么时间段购物、什么时间段看新闻、什么时间段浏览朋友圈、什么时间段看留言和回复邮件等。制订好计划后，在计划使用手机的时间之内，使用时无须纠结；在计划使用手机的时间之外，除了极特殊的情况，坚决不碰手机。

【思考与感悟】

你是否存在“手机依赖”的问题？读完上述材料，你打算如何给自己制订学习计划，让自己成为一名主动学习者？

千锤百炼

一、填空题

1. ＿＿＿＿＿是增长知识见闻、完善个性品德、提高能力素质的必由之路，是贯穿一生的事情，永无止境。

2. 个体发展的关键素养是＿＿＿＿＿。

3. ＿＿＿＿＿和＿＿＿＿＿是梦想变为现实的桥梁。

4. ＿＿＿＿＿是指个体在学习活动中所表现出来的一种稳定的心理倾向。

5. ＿＿＿＿＿是指通过学习活动想要达到的预期结果，以及如何让这个预期结果变为现实的具体计划。

6. 学习动机是一种激发、指向并维持学习行为的动力来源。它可分为＿＿＿＿＿和＿＿＿＿＿两种。

7. 目标与目标之间应具有＿＿＿＿＿和＿＿＿＿＿，所有短期目标都应服务于长期目标。

8. ＿＿＿＿＿是时间管理的“天敌”。

9. 依据时间管理四象限法，要完成的学习任务按重要和紧急程度可分为＿＿＿＿＿、＿＿＿＿＿、＿＿＿＿＿、＿＿＿＿＿四类。

10. 在复习阶段，应重视记忆的＿＿＿＿效应和＿＿＿＿效应，以随时调整复习内容的先后顺序。

二、选择题

1. 【多选】根据学习的定义，下列选项中属于学习的是（　　）。

A. 吃杨梅时唾液分泌增加

B. 通过看书、听故事、看电影懂得了一些道理

C. 通过不断地练习，打字的熟练程度得到了明显提高

D. 服用兴奋剂后比赛取得好成绩

2. 研究表明，呈（　　）关系属于学习动机水平与学习行为效果之间的关系。

A. 倒 U 曲线　　B. 正比例

C. 反比例　　D. 直线

3. （　　）是以学习需要为基础，并推动个体进行学习的内在动力。

A. 学习态度　　B. 学习动机

C. 学习形式　　D. 学习兴趣

4.（　　）是一种获取知识、掌握技能的方式。

A. 学习态度　　B. 学习动机

C. 学习形式　　D. 学习兴趣

5.（　　）是获取知识的重要来源，它的效果直接影响所学知识的深浅与多寡。

A. 课前预习　　B. 课堂学习

C. 课后练习　　D. 及时复习

6.“举一反三，触类旁通”，说的是（　　）。

A. 学习迁移　　B. 专业技能

C. 学习效率　　D. 学习计划

三、判断题

1. 个体的动机强度不会影响学习效果。（　　）
2. 获取知识的重要来源是课堂学习。（　　）
3. 依据艾宾浩斯遗忘规律，活学活用是巩固学习成效的重要方法。（　　）
4. 在复习阶段，应按“多食多餐”的复习原则，不间断地集中复习，以巩固所学知识，有效记忆。（　　）
5. 心理学家艾宾浩斯认为，遗忘所遵循的规律是先慢后快。（　　）
6. 为了避免遗忘，我们可运用“先间隔复习，后集中复习”的记忆策略。（　　）
7. 我们的安身立命之本是精通一门专业技能。（　　）
8. 学生的首要任务是学习。（　　）

四、简答题

1. 主动学习者的特点有哪些？

2．要成为一名主动学习者，中职生应从哪些方面做出改进？

3．中职生应如何合理规划学习时间？

五、辨析题

1．学习动机越强，学习效果越好。

2. 为了提高学习效率，我们应当做到“废寝忘食”。

3. 专业技能是天生就拥有的，因此不需要后期进行长期刻意地练习。

六、案例分析题

某年，某中学的小刘以716分的高分成为了所在省份的“理科状元”：语文133分，数学147分，外语145分，理综291分。取得如此好的成绩，归功于小刘高效合理的学习方法。

小刘特别重视课前预习，哪怕是在生病期间，他也会坚持课前预习。他认为，通过课前预习，可以知道自己对哪些知识不理解，在课堂学习时就可以进行有针对性的听讲，从而可以更好地掌握这些知识。除此之外，小刘还特别重视老师布置的学习任务，就算生病期间在家自学，他也会完全按老师的要求认真复习。他认为，老师们多年的教学经验，可以让他在学习上少走很多弯路。

对于理科的刷题，小刘平时不会刻意去追求难题的破解，而是更注重基础知识的巩固和解题方法的总结。每做完一道题，他都会回头反思一下，以致他对每个知识点都有牢固且深刻的理解，对出题人的意图也能精准揣摩。小刘认为，只有这样刷题，才能达到目的。语文和英语这两个科目需要长期大量的积累，他建议一定要多记多背，不能只满足于课本学习，还要有大量的课外阅读。在背诵的时候最好动脑思考，这样可以提高记忆效率，同时提升语感。不进行大量的阅读和记忆，英语和语文想要获得高分确实不容易。

小刘认为，很多学生不喜欢学习的主要原因之一是体验不到学习的成就感，因此对学习越来越提不起兴趣。他建议大家多设一些短期目标，每完成一个短期目标就能体验到一次成就感，以此激励自己继续完成下一个目标。坚持制订可完成的短期目标，大家成功的体验感就会越来越多，对学习的兴趣也就会越来越浓厚，学习自然会有所进步。

【思考】

读完上述材料，你认为应如何提高自己的学习效率呢？

第二节

终身学习，持续发展

提纲挈领

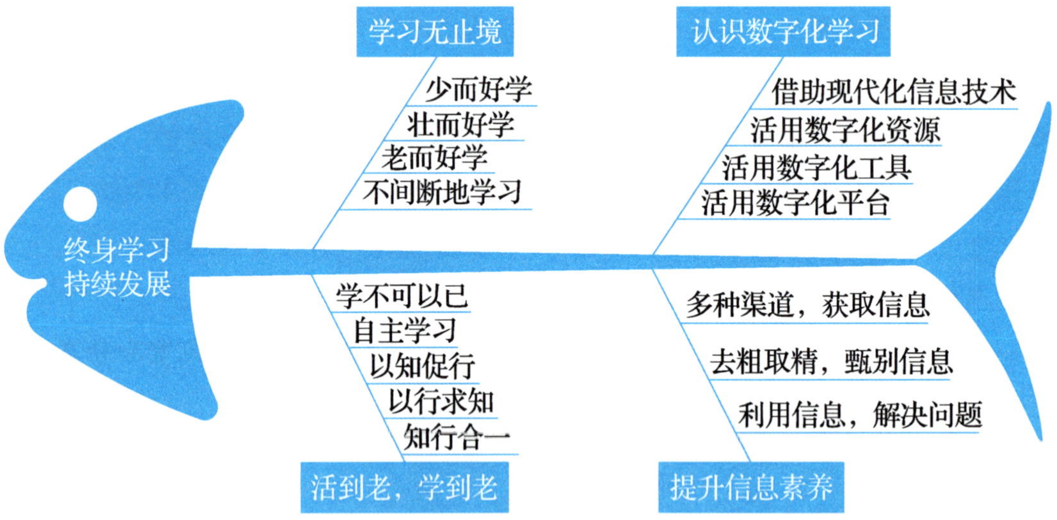

启迪心灵

加强信息素养教育，避免困在“信息茧房”

所谓“信息茧房”，就是指人们的信息领域会习惯性地被自己的兴趣所引导，从而将自己的生活束缚在蚕茧般的“茧房”中，成为与世隔绝的孤立者。

提高全民信息素养、加强青少年信息素养教育，是从容应对个性化推荐新生态，避免困在“信息茧房”的主动举措。

所谓个性化推荐，就是网络根据客户的需求、喜好等有针对性地推荐信息。在个性化推荐已成常态的环境下，要想辨别所接受的各种推荐，“信息意识”就显得尤为重要。内化的信息意识会让我们在第一时间内自觉地判断推荐信息的真伪与价值。例如，当一个病人要在搜索引擎上寻找适合自己的医疗机构和医疗方法时，排在推荐列表最前面的几个选项一般不是最适合的，而是额外给搜索引擎服务商付过费的广告；当一个买家在购物网站寻找某个商品时，推荐列表中可能也夹带有额外付费的商品。此时，信息意识就可以帮助客户先了解、理解、从容面对这样的推荐列表，再做出有利于自己的选择。

善于运用网络的各种个性化推荐服务是信息素养的一方面，客户在面对真实情景和复杂问题时，会充分利用信息平台、信息工具和信息资源，来减少不必要的工作，从而高效获取、处理、分享资讯。例如，利用个性化推荐服务，可以避免信息过载，实现高效获取资讯。

在互联网时代，信息伦理不容忽视。“炒热”是互联网中一种常见的商业行为，手段很多。社交媒体上很多的赞和转发可能都是花钱买来的，从众心理的点赞和转发正好落入了炒作者的圈套。在社交媒体上点赞和分享是一种常见的情感表达和交流手段，但当“炒热”行为有商业利益时，当个性化推荐中夹带有广告时，盲目地点赞和分享就是一种缺乏信息伦理的行为。

加强青少年的信息素养教育，着力提升科学教育水平，在中职教育中具有不容忽视的地位。

【思考与感悟】

上述材料中涉及哪些信息素养？请举例说明。

千锤百炼

一、填空题

1. 终身学习是指社会成员为适应____________和实现____________的需要，持续一生的学习过程。

2.《中国教育现代化2035》在十大战略任务中明确提出，构建服务全民的____________体系，建立健全____________制度和____________制度。

3. 坚持终身学习的内在信念是________________________。

4. __________又称__________，是一种使用数字设备或互联网开展的学习模式。它倡导以____________为中心、以____________为导向的自主学习。

5. __________________是学习者利用数字化资源、数字化工具和数字化平台来开展学习所需具备的知识和技能。

二、选择题

1. 下列选项中，不属于终身学习行为的是（　　）。

A. 中职生小张坚持每天阅读，这个习惯他打算一直坚持下去

B. 从事会计工作的小陈一直坚持考取各种资格证书，并不断接受新知识

C. 李教授虽然已退休，但是每天仍然坚持读报

D. 小王虽然学业繁重，但是每天仍然坚持跑步

2. 下列关于数字化学习的说法中，表述错误的是（　　）。

A. 数字化学习越来越受大众所喜爱，它能有效支持个性化学习和终身学习

B. 与以往传统资源相比较，数字化资源的最大优势在于其被存储在数字设备中，安全性较高

C. 人们通过互联网访问数字图书馆网站，可以在任何时间、任何地点方便快捷地享用数字化信息资源

D. 数字化资源形式多样，包含文本、图像、视频等多种形式

3. 下列关于信息素养的说法中，表述错误的是（　　）。

A. 信息意识要求做到有针对性地获取所需信息

B. 信息素养是一种综合能力

C. 信息素养就是计算机使用技能

D. 中职生应当具备判断和掌握信息资源价值的能力，并掌握相关知识和技能

4. 下列选项中，不能提升中职生信息素养的是（　　）。

A. 学习计算机应用和各种相关知识

B. 充分利用网络技术服务于自己的学习和生活

C. 提高自己的身体素质

D. 避免在使用信息时侵犯他人的知识产权

三、判断题

1. 中职生应当学习计算机应用，并学习各种计算机相关知识。（　　）
2. 终身学习是新时代的要求，是个人实现人生价值的重要途径之一。（　　）
3. 数字化学习根本无法提高学习效率。（　　）
4. 作为中职生，需要掌握好自己的专业知识，但不需要熟练使用网络资源。（　　）
5. 通常，从官方渠道获取的信息是比较可靠的。（　　）
6. 所有的信息都是宝贵的资源。（　　）

四、简答题

1. 中职生应如何践行终身学习？

2. 如何提高数字化学习能力？

3．中职生应该具备哪些信息素养？

五、辨析题

1．中职生可通过有目的地上网搜寻信息、经常阅读相关信息等方法，帮助自己树立信息意识。

2．我们可以随意利用网络、刊物等信息。

六、案例分析题

能够与中国科学院院士一起站上“感动上海年度人物”的领奖台，令胡某感慨万千。12 年前，他只身一人来到上海，从一名普通工人做起，而今他已是“上海市十大工人发明家”，共完成技术革新 50 多项，技术攻关 10 多项，取得各种专利 14 项。而这一切，都得益于他参加了“百万在岗员工学力提升项目”。

胡某是首批闵行区“百万在岗员工学力提升项目”的学员。他一边工作，一边坚持在该区一分校学习，运用所学知识帮助企业解决了不少技术难题，研发的“清扫车边吸尘口自动避让装置”还在第七届国际发明展览会上荣获金奖。某年 7 月，胡某终于拿到了大学本科学历证书，他激动地说：“感谢‘百万在岗员工学力提升项目’成就了我的工匠梦，我要继续用学习成就自我，用学习创新技术，用学习贡献社会。”

【思考】

1. 为什么要进行终身学习？我们可以通过哪些方式进行终身学习？
2. 读完上述材料，你打算如何顺应趋势，发展自己？

明心见性

“吾日三省吾身”，你今天学习了吗？你今天运动了吗？你今天的任务完成了吗？……如果你总是没有做到，把计划要做的事情一直往后推迟，那么你可能已经陷入拖延症的“陷阱”了。为了判断自身是否存在此方面的问题，请扫描下方二维码，做个简单的测试吧。

扫一扫

拖延症——心理测试

躬行实践

“我们如何学习”主题交流

学习作为获取知识、掌握本领的途径，已成为人们日常生活中不可或缺的一部分，尤其是在信息化时代，自主学习已成为人们不断满足自身需要、增加知识储备、获取有用信息并最终获得成功的“法宝”。

请结合本章所学，以“我们如何学习”为主题，开展交流活动，具体内容与要求如下。

（1）整理你所熟知的名人故事，以多媒体演示的方式分享给大家。

（2）总结你的学习方法并分享给大家。

（3）根据活动成果，以“论学习方法的重要性”为题，写一篇 800 字以上的小论文。

一、过程记录

活动人员：

活动结果：

心得体会：

二、活动评价

指导老师参考表 4-1 对学生的“我们如何学习”主题交流情况进行评价。

表 4-1 活动评价表

评价标准	评价细则	满分/分	评分/分
“我们如何学习”主题交流	名人故事积极向上，对学生的学习方法有指导作用，展示过程做到图文并茂	30	
	积极分享学习方法，能够呈现交流结果	30	
	论点鲜明、正确，论据充分、准确，论证合理、符合逻辑，能够体现学生深入思考	40	
合计		100	
指导老师评价			

第五章

规划生涯　放飞梦想

第一节

立足专业，谋划发展

提纲挈领

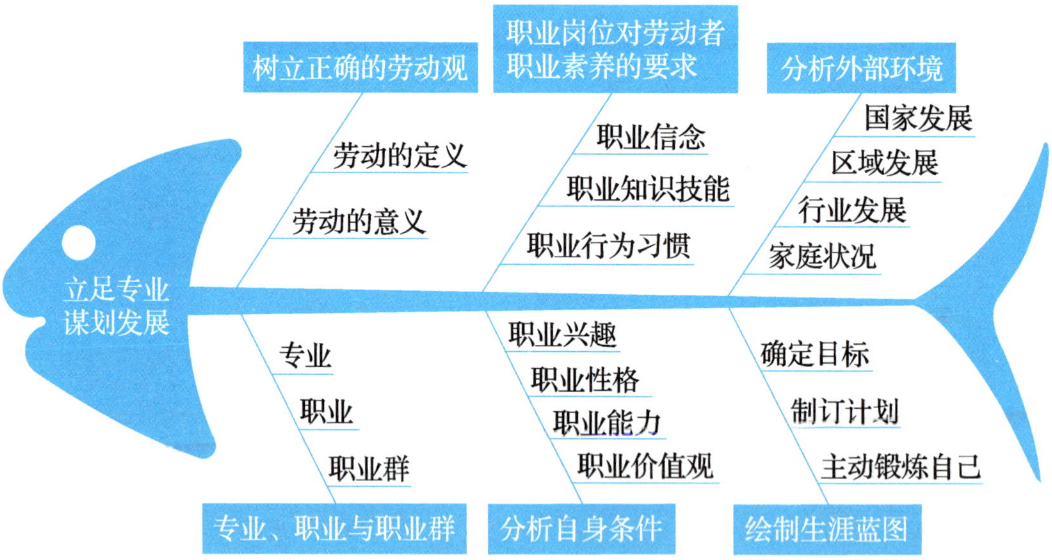

启迪心灵

40 名学生开启“马路天使”生涯

某市环卫清洁公司正面临着人才断档的尴尬局面，十几名一线环卫工作人员即将陆续退休，公司急需补充年轻力量。为此，该公司通过当地人社部门发布了招聘简章，面向社会公开招聘 60 名环卫工作人员。其中 40 名环卫工作人员需要长期在一线工作的环卫作业社区管理岗位。“这是公司首次大规模招聘高学历人才。”该公司业务科介绍。

短时间内，报名人数之多、竞争之激烈令公司业务科始料未及。最终，有 40 名年轻人从 400 余名报名者中脱颖而出，成功应聘。在正式上岗之前，他们需要参加 3 个月的一线轮岗实习，这意味着他们必须和一线环卫工人一同清扫马路，装运垃圾车，干各种杂活、累活。总之，他们要首先尝试成为环卫工人中的一员。

在报名之前，1992 年出生的小辛被身边亲友拽着问了无数次“为什么”。小辛毕业于北京一所学校的法律专业，毕业后曾在青岛做过半年城管工作，他的选择让身边不少人大跌眼镜。让小辛最终下定决心的，不仅仅是国企的待遇，他更看重环卫事业的发展前景。“很多人将环卫工作误解为扫马路、运垃圾，但环卫工作绝不仅仅如此，一个城市的文明很大程度体现在环境方面。与不少发达国家相比，青岛的环卫工作还有很大的提升空间，这也意味着我们还有很多可以进步的地方。”小辛对这份工作不乏憧憬。

经过理论培训、军训后，3 个月的一线轮岗实习随即开始，清扫马路、跟着垃圾车装卸垃圾成为这批年轻人的日常工作。对不少人来说，适应过程中的困难远比想象中的多。“第一次扫马路时，自己脸皮薄得很，只闷头干活儿，都不大好意思抬头。”小辛回忆。

年轻人脑子灵活、点子多，为更好地开展环卫工作出了不少好主意。他们在一线轮岗实习时注意到，之前垃圾箱等距离放置容易造成资源浪费，于是提议旅游景点、车站等地可以多放，而人流较少的地方可以少放；针对一线环卫工人普遍工作量较大的现状，他们提议人流量多时可适当减少其保洁面积，反之则增加保洁面积。

一线轮岗实习结束后，年轻的“片长”们正式上岗。对于这些年轻人来说，这一职位只是成长的一个阶段。公司承诺，工作优秀的一线员工将来会转到公司管理岗位或专业技术岗位。这些年轻人被寄予厚望，人们也期待着他们能为青岛这座城市带来更多改变。

【思考与感悟】

上述材料中的小辛面临哪些职业挑战？他是如何规划自己的职业生涯的？我们从中学到了什么？

千锤百炼

一、填空题

1. ______________是创造物质财富和精神财富的过程，是人类特有的基本社会实践活动，是创造美好生活的力量源泉。

2. 专业是______________________的产物。

3. 职业群是由_______________、_______________、_______________等接近的多个职业组成的。

4. 职业素养的内容包括_______________、_______________、_______________。

5. ________________是兴趣在职业方面的表现，是指人们对某种职业活动具有的比较稳定而持久的心理倾向。

6. 职业生涯目标按照由远及近的顺序，可分为_______________、_______________、_______________三种。

7. 在我国的职业分类中，“教学人员”属于__________________大类。

二、选择题

1. “闻道有先后，术业有专攻，如是而已”是对（　　）最好的诠释。

A. 专业　　B. 职业群

C. 学科　　D. 职业

2. 下列选项中，属于职业信念的是（　　）。

A. 良好的职业道德　　B. 积极的职业心态

C. 正确的职业价值观　　D. 以上都是

3. 小李学的是测绘工程专业，入学后不久看了几本小说，发现自己对写作很感兴趣，于是花了很多时间来学习写作，甚至立志成为一名作家。他将自己的作品投给杂志社，但屡遭拒绝。渐渐地，他失去了对写作的兴趣。这个事例说明（　　）。

A. 有些兴趣只是暂时的，不要轻易地判断自己是否适合从事某个职业

B. 学测绘工程的想当作家，简直就是白日做梦

C. 如果有专业的指导，这名同学一定能够成为优秀的作家

D. 学什么专业就要从事什么类型的工作

4. 小王是学校里的风云人物，性格外向，能力突出，毕业后很轻松地找到了一份外贸员的工作。刚开始工作时，小王干劲十足，尽职尽责。可是几个月后，他就对自己的工作感到厌烦，随后跳槽到一家化妆品代理公司做客服。但压抑的工作氛围很快就让他另谋出路，又入职到一家房地产公司做宣传和翻译。几个月后，他又以公司规模太小为由再次跳槽。在毕业后的几年里小王跳槽了四五次，能力也一直没有得到提高。慢慢地，他也陷入了困惑，以后的职业该怎么发展呢？你认为他的职业发展出现问题和阻力的根本原因是（　　）。

A. 对自己的职场定位模糊，不清楚自己应该做什么，适合做什么

B. 对工作朝三暮四，一山望着一山高，缺乏毅力

C. 对自己的工作能力评估过高，又不及时提高自己的工作能力

D. 自己没有及时转变学生和职业人的角色

5. 如果一个人的抽象思维能力强，喜欢富有创造性的工作，并且逻辑分析能力较强，那么他适合从事（　　）职业。

A. 工程师　　B. 摄影师

C. 教师　　D. 销售经理

6. 如果喜欢交往，社交能力较强，愿意教导别人，并且渴望发挥自己的社会作用，那么他适合从事（　　）职业。

A. 修理工　　B. 检验员

C. 导游　　D. 会计

7.【多选】日计划的制订可依据（　　）步骤实施。

A. 制订近期发展目标　　B. 列举当天所有任务

C. 预留弹性时间　　D. 估算每项任务花费的时间

E. 优先解决重要的任务　　F. 分析对比时间计划

8. 职业资格是指从事某一职业的基本素质和能力要求。关于职业资格，下列说法中错误的是（　　）。

A. 职业资格证书是个人能力被社会认可的证明，如注册会计师、注册测绘师等就是一种职业资格，获得职业资格是具有一定职业标准能力的外在证明

B. 每种职业都有相应的职业资格模型，都有一个相对公平、公正的标准

C. 一旦拥有了职业资格证书，我们就达到了职业化的标准。因此，拥有资格证书是职业成功的标志

D. 职业资格反映了职业活动和个人职业生涯发展所需要具备的专业知识和专业技能

9.【多选】我国古代老中医在弟子满师时，总要赠送两件礼物：一把雨伞和一盏灯笼。这两件礼物有什么寓意呢？（　　）

A．意在教育弟子看病时要风雨无阻

B．意在教育弟子看病时要不分昼夜

C．意在给弟子个人生活提供便利

D．意在让弟子能够经常来看望师傅

E．意在给弟子临行礼物以作为纪念

10.【多选】下列对于职业生涯目标的设定要求，正确的是（　　）。

A．自己认定并愿意负责　　B．有充分的实现基础

C．通过实践不断调整和完善　　D．要符合主流价值观

11．职业生涯规划最重要的是要（　　）。

A．清楚自己有什么资源　　B．定位自己的价值追求

C．了解自己是什么样的性格　　D．有一个好工作

12.【多选】职业价值观和职业之间的关系有什么特点？（　　）

A．职业价值观和职业之间有一定的匹配性

B．职业经历可能塑造个人的价值观

C．职业价值观和社会发展有一定的联系

D．职业价值观可能会影响职业方向和职业选择

13．小魏现在是一家公司的普通业务员，他计划在 5 年内成为业务部的经理。小魏的规划属于职业生涯目标中的（　　）。

A．人生规划　　B．长期目标

C．中期目标　　D．近期目标

14．小洁对自己的评价是擅长人际交往、英语水平较高、计算机操作能力较强，因此她对自己未来的职业生涯规划是文秘类工作。小洁的职业生涯规划体现了（　　）。

A．要了解未来职业发展的趋势

B．要借鉴他人的评价

C．要以专业特色和能力要求为导向

D．要认清自己

15．小李在孩童时期想当一名警察，长大后却成为了一名教师，这个现象说明了职业生涯具有（　　）。

A．发展性　　B．互动性

C．独特性　　D．激励性

三、判断题

1．一个专业往往对应一个职业或一个职业群。（ ）

2．所有的工作都可以称为职业。（ ）

3．职业生涯规划要有明确的方向和可操作性，要求目标明确、阶段清晰，实施措施不需要太具体。（ ）

4．学生在学习过程中，应当把每一项实训、实验作为真正的职业活动来完成，尽量少参加社会实践活动，班级、学校发布的任务，可以等有精力的时候再去完成。（ ）

5．职业资格证书是专业知识与技能的凭证，是求职的“敲门砖”。（ ）

6．小王在某工地打工，他的理想是通过自学考试，获得大学文凭。那么，他的理想是职业理想。（ ）

7．人的职业价值观都是固定的，不会因为环境发生任何变化。（ ）

8．职业价值观是高级追求，可以先等到我们从职业中获得了一定的满足以后再开始考虑。（ ）

9．及时调整自己的价值观是一种重要的职业生涯规划能力。（ ）

10．制图员要有创造力，喜欢创造新颖、与众不同的作品；要精益求精，有一定的艺术才能和个性。（ ）

11．职业生涯中的近期目标主要是规划近期要完成的任务。（ ）

四、简答题

1．简述职业的特点。

2．中职生应如何提升职业素养？

3．简述职业道德的具体表现。

4．中职生应如何制订职业生涯规划？

5．简述职业兴趣与职业发展之间的关系。

6. 简述职业能力与职业发展之间的关系。

7. 中职生在制订职业生涯规划时，应考虑哪些外部环境因素？

8. 在确定职业生涯目标时，应遵循哪些原则？

9. 简述职业性格与职业发展之间的关系。

五、辨析题

1．没有职业行为习惯，职业兴趣就只剩下空想。

2．提高劳动者素质对国家、民族的发展至关重要。

3．在制订职业生涯规划时，应当做到长期目标与近期目标相结合。

4．职业生涯发展仅依靠职业能力，与职业兴趣无关。

5．职业生涯发展仅与行业发展有关，与家庭状况无关。

6．在制订职业生涯行动计划时，近期目标和中期目标要以长期目标为指引，因此长期目标必须清晰、可行。

7．劳动是人的产物，劳动创造了人类生活中必须的物质条件和精神条件。

8．制订职业生涯规划的核心是确定职业生涯行动计划。

9．只要确立了职业理想，努力走好当下的路，就没有必要做职业生涯规划。

六、案例分析题

某日，某职业技术学院电商直播学院近千名学生同时开启网络直播，为湖北“直播带货”，助力湖北秭归的脐橙、茶叶等农特产品销售。进行“直播带货”是该学院专业实践的一部分，也是学生从直播“小白”到真正主播的必经之路。

一场真正的直播活动，不仅要有主播，还要有专业的团队为直播服务，如负责统筹的项目负责人，负责文案写作的策划，直播运营、场控、副播等。在电商直播大热的环境下，电商直播行业急缺专业人才，不仅缺“直播带货”主播和达人，还缺策划文案人才、主播运营人才和直播运营人才等。

该学院领导强调：“在人才培养的前期，我们采用标准化人才培养体系，培养一批直播电商管理者和短视频创作者，其中也包括‘直播带货’主播和达人。到后期，我们会对有潜力的学生进行开放式培养，根据其特点、专长，将其培养成专业人才。”

该学院电商直播学院电子商务专业（直播电商方向）既有精英班，又有面向所有专业学生的兴趣班。目前，该专业的理论课程主要包括商业素养、新媒体素养、综合素养等方面，既有市场分析、营销策划、短视频制作、新媒体运营与数据分析、企业管理等课程，又有琴棋书画、唱歌跳舞、插花养生等课程。

“我们不是局限于教会学生如何介绍一款产品、如何化妆上镜，而是重点培养学生的市场洞察能力、创意文案写作与营销策划能力、新媒体内容生产能力、全媒体营销能力及新媒体运营与数据分析能力等职业素养。”对于面对镜头的适应能力、口语表达能力、临场应变能力及才艺能力等综合素养，学院也都将其安排在教学和训练范围内。这样学生未来就可以胜任更多种类的工作。

【思考】

1. 电商直播专业人才需要具备哪些职业素养？
2. 假如你要成为一名电商主播，你将如何制订自己的职业生涯规划？
3. 假如你是电商主播，你会从哪些方面提升自己的职业素养？

第二节

执行规划，夯实基础

提纲挈领

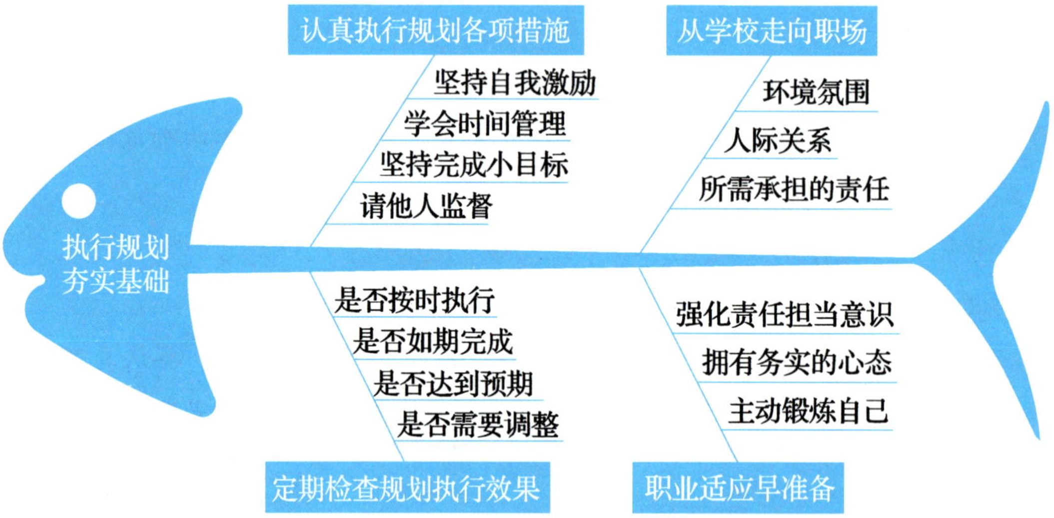

启迪心灵

初入职场的角色转变

从学校到职场，不仅要经历环境的变化，更重要的是还要经历身份的转变。据调查，大多数职场青年在初入职场时总感到不适应。其中，不知道如何处理职业人际关系、不熟悉工作内容、不知如何上手等，是最常见的表现。

小李目前在某跨境电商公司做人事专员，平时负责招聘和办理员工入离职工作。作为一名人事专员，少不了要和各种人打交道，“筛简历、约面试、谈薪资、办入离职，每个环节都需要进行大量的沟通，有时还会和别人之间有误会，感觉想要处理好人际关系比较难”。

小李回忆起刚入职时的场景，那段时间需要参加各种培训，每个月还有考评，每天都忙到很晚，压力很大。“这段经历让我觉得工作十分不易，算是给我这个职场“小白”上了重要一课。”虽然顺利通过了考评，但她觉得真正适应工作大概是在半年后，“能够自如地应对工作任务，才意味着真正适应”。

小李觉得，从学校到职场，最大的变化是更需要讲规矩、遵守规则，“在学校相对更自由，可以按照自己的节奏来；但在工作中往往是需要团队配合的，得守规矩、按规则办事，适应工作的法则和节奏”。工作中遇到难题很正常，要多向领导和同事请教，避免因沟通不畅而做无用功。当然这并不意味着事事都要请教，自己能够解决的问题尽量自己解决。“学会与人合作很重要，团结能团结的人，要以做好工作为导向。”

某院校辅导员刘老师认为，中职生要想顺利实现从学校到职场的转变，就要提前准备。他建议，学生首先要明确自己的职业兴趣和职业方向；其次，要朝着喜欢的职业方向去锻炼自己，如学习相关技能、提前实习等；在正式开始工作后，要认真理智地对待第一份工作，不过高期待，也不自暴自弃。“其实，学校和职场并不是断裂的，而是存在很多相通的技能，如人际交往能力、抗压能力、学习能力等，这些都可以从校园中进行积累。重要的是摆正心态，提前做好准备。”

【思考与感悟】

1．学生在初入职场时会遇到哪些烦恼？

2．中职生应如何顺利实现学校到职场的转变？

千锤百炼

一、填空题

1. 执行职业生涯规划的方法有________________和________________等。

2. 在校期间，学生要不断强化角色转换意识，努力提高________________。

3. 定期检查职业生涯规划的执行效果可结合________________、________________、________________、________________、________________进行。

4. ____________是指个人对自己和他人、对家庭和集体所需要承担的规范、责任和义务的自觉态度，是一个人应具备的素养，也是用人单位考核员工的重要指标。

5. 一切成果都是____________的积累，只有____________才能实现职业生涯规划的目标。

二、选择题

1. （　　）是职业生涯规划管理的重要手段。

A. 善于请人督促

B. 与老师和同学搞好关系

C. 定期自我检查规划执行效果

D. 每天自我反思

2. 古人云，有志者事竟成。人们也常说，空谈误国，实干兴邦。树立职业理想固然重要，但更重要的是要将职业理想落到实处，这说明（　　）。

A. 只有树立职业理想才能获得成功

B. 想要获得成功除了要树立正确的职业理想外，还要有务实的职业生涯规划

C. 只有务实的职业生涯规划才能将职业理想变成现实

D. 职业生涯规划的过程是提高自己的过程

3. 【多选】职业生涯规划执行效果的定期检查内容包括（　　）。

A. 执行环节评估　　B. 执行策略评估

C. 是否按时执行任务　　D. 是否按时完成任务

4. 在执行职业生涯规划时，如果遇到困难，你可以对自己说：（　　）。

A. 我做不到　　B. 我不相信自己

C. 我可以坚持一下　　D. 我需要去找别人帮忙

5.【多选】小姜可采用（　　）来有效地执行自己的职业生涯规划。

A. 自我检查、自我约束

B. 坚持自我激励、自我鞭策

C. 珍惜时间、提高执行效率

D. 请老师、家人、同学等监督

6. 关于学校和职场，下列说法中错误的是（　　）。

A. 学校和职场的氛围不同

B. 在学校，学生一般是单兵作战，企业更需要团队意识

C. 学校生活相对简单，职场工作具体而复杂

D. 在学校完全自由，而在企业更多的是要服从

7. 作为职场新人，不正确的做法是（　　）。

A. 热爱自己的本职工作，培养职业兴趣

B. 勇于承担自己的责任，乐于奉献

C. 保持认真谦逊的态度，尽快适应工作环境

D. 挑剔企业存在的问题，并向同事抱怨

8. 小王上班迟到了，老板当众严厉批评了他。对于小王，下列反应中不合理的是（　　）。

A. 直接跳槽

B. 不放在心上，调整心情

C. 直接告诉老板迟到原因

D. 下次注意

9. 中职生初入职场时，需要保持务实的心态，从基层岗位做起，不断提升自己。“务实”主要体现在（　　）。

A. 目标高远

B. 符合个人实际情况

C. 与社会发展脱节

D. 与所学专业不对应

10. 下面对学生和职业人的区别认识错误的是（　　）。

A. 从学生转变为职业人，是人生的一大飞跃

B. 校园与职场之间，不但环境不同、任务不同，而且人群之间的关系也有了本质的区别

C. 学生和职业人在社会上是两种不同的角色，其权利和义务有很大的差别

D. 无论是学生还是职业人，在人生的舞台上都扮演着相同的角色

11．为了更好地规范自己的行为，更好地执行自己的职业生涯规划，我们需要（　　）。

A．依靠不断的自我反思　　B．依靠心灵的约束

C．依靠上司的监督　　D．依靠集体的力量

12．规划的落实最终要落到每天的安排上，因此（　　）和每天的执行是关键。

A．日计划　　B．每月

C．年计划　　D．每周

三、判断题

1．做好职业生涯规划的人一定比不规划的人发展的好。（　　）

2．小李在即将毕业的时候找到了一家企业实习，在实习过程中他对工作中不懂的地方不求甚解，认为实习仅仅是为了积累经验，以后工作中未必会用到这些认识。（　　）

3．毕业后初入职场，在面对琐碎、单调、重复的工作时，可以给自己放个假。（　　）

4．对于一个职业人来说，责任心是非常重要的。（　　）

5．中职生在融入职场时需要尽快适应环境。（　　）

6．学校的人际关系和职场一样复杂，一个学校就是一个社会的“缩影”。（　　）

四、简答题

1．如何高效地执行职业生涯规划？

2．简述职业生涯规划执行效果的定期检查内容。

3．简述五步脱困法。

4．简述职场中存在的各种困难与挑战。

5．简述学校和职场的区别。

6．怎样才能更好地融入职场生活？

7. 什么是角色转换？角色转换过程中会遇到哪些问题？

五、辨析题

1. 处理人际关系是职场工作的一部分。

2. 在职业生涯规划的执行过程中，应牢记“不积跬步无以至千里步，无以至千里；不积小流，无以成江海。”

3. 学生从学校走向职场后就可以成为职业人。

4．学生和职业人所承担的责任相同。

5．学生只需要学好自己的专业知识就行，不需要参加实训、班集体活动。

6．学生在选择岗位时，必须保持理性务实的心态。

六、案例分析题

吴某所学的专业是国际贸易，但她热爱文学，具备良好的写作功底和语言表达能力。在校期间，她曾担任教授助理，还曾独自寻找到一个加盟项目，在家乡担任区域代理商。毕业后的两年里，吴某先后跳槽了五次，做过销售、策划、记者等。下面是吴某的工作经历。

2018 年 9 月—2019 年 1 月，吴某在某知名房地产公司担任物业主任，主要工作是处理投诉之类的事宜。该工作清闲稳定，但福利待遇一般，不能很好地满足吴某的物质需求。

2019 年 1 月—6 月，吴某在某合资化妆品公司担任品牌经理。工作初期，吴某很受公司领导器重。但她渐渐发现，领导的经营理念非常保守、吝啬，谈判时往往也会因极小的折扣谈不拢而搁置。同时，公司的产品都是在作坊式的加工厂贴牌生产，质量得不到保障。吴某觉得前途渺茫，毅然辞职。

2019 年 6 月—9 月，吴某在某大型教育机构担任销售专员，主要销售知名英语教材。该公司极度重视对员工的培训，甚至用独特的企业文化实现对员工思想上的控制。吴某被该公司表面上热情奋进的氛围所吸引，身为新人的她第一周的业绩就高居榜首。但高负荷的工作很快让她的身体严重透支。同时，她看到领导对其他业绩较差的员工态度冷酷，于是对公司的企业文化产生了质疑，最终选择离职。

2019 年 9 月—2020 年 3 月，吴某在某咨询策划公司担任销售公关经理。在此期间，吴某策划了一些与报社等其他媒体的合作项目，培训了多名业务员。以往的工作波折、轻率的跳槽经历所造成的“后遗症”也慢慢表现出来，吴某发觉自己害怕与客户沟通，这种恐惧感让吴某非常困扰，由于无法调整好自己的心态，吴某又一次选择了辞职。

2020 年 3 月开始，吴某在一家杂志社担任记者。与先前的辗转奔波和业绩压力相比，这份工作轻松了很多，也让吴某从紧张的心理状态中解放了出来，但吴某还是觉得心里空荡荡的。

【思考】

1. 吴某在职场中遇到了哪些困难与挑战？
2. 针对如何融入职场生活，你有哪些建议？

第三节

完善规划，奋发有为

提纲挈领

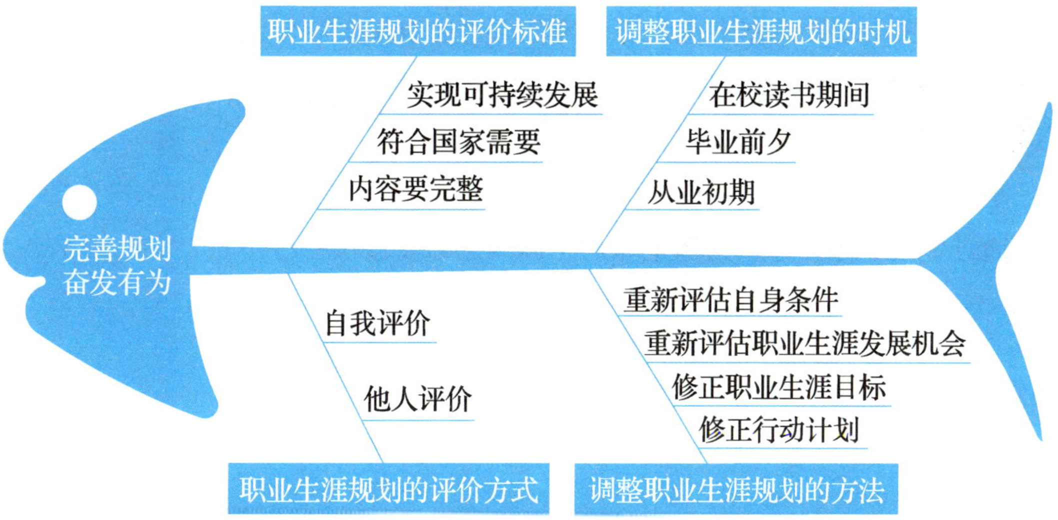

启迪心灵

“云揽客”，文旅业复苏的新玩法

近年来，“直播带货”已成为各行业打破销售瓶颈的“利器”，文旅业则是最早一批寻求与短视频平台合作的行业。当下，通过“云揽客”“直播带货”等方式，推介各大景点及相关文旅产品，已成为各地发展文旅业的重要模式。

作为演讲嘉宾，小朱刚刚结束了他在某平台首届文旅大会舞台上的演讲。台下观众席上是某市文旅界业内人士及300多位来自全国各地的知名主播。他几乎是所有演讲者中最动情的一位，这或许和短视频改变了他和周围人的命运有着直接关联。

小朱是一位河南小伙。三年前，在建筑工地摔断腿后，他一度失去了工作。伤筋动骨一百天，小朱一时间也没办法找工作，闲来无事便拾起了自己捏泥巴的传统手艺，并拍成短视频放到了网上。出乎意料的是，他的短视频迅速在网上爆红，为他的人生打开了一扇新的大门。如今，他不仅有了自己的工作室，还帮当地捏泥巴老手艺人“直播带货”，一次直播的销售额就达上百万元。

小朱只是当前文旅行业积极拥抱直播平台，实现景点推介与文旅产品售卖有效融合的“缩影”。除了小朱，大会还吸引了全国各地超过300位知名主播。他们通过各自的短视频，向全国人民直播名胜古迹。

【思考与感悟】

1．小朱为什么要调整自己的职业生涯规划？

2．通过他的事迹，你认为调整职业生涯规划需要遵循哪些步骤？

千锤百炼

一、填空题

1. 评价职业生涯规划有______________和______________两种形式。

2. 在制订评价细则时，需要保持各环节的__________________、_________________、________________、________________。

3. 为了实现职业生涯的可持续发展，必须根据________________、________________，定期对职业生涯规划进行评价。

4. 评价职业生涯规划时，需要进行可行性分析，具体要看职业生涯规划是否_______________，是否________________，是否________________，是否________________。

5. 职业生涯规划的调整是指重新剖析_______________和重新评估_______________，调整职业生涯目标和行动计划的再_______________和再_______________过程。

二、选择题

1. 一般而言，调整职业生涯规划的最佳时机是（　　）。

A. 在校期间　　B. 毕业前夕及工作后三至五年

C. 工作一年内　　D. 工作五年后

2. 下列选项中，不能作为中职生调整职业生涯规划原因的是（　　）。

A. 在制订职业生涯规划时，对实际情况不够了解

B. 环境和本人都发生了较大的变化

C. 初入社会，信心满满，好高骛远

D. 对职业生涯发展有了新的追求

3. 中职生在调整职业生涯规划时，首先应当考虑的是（　　）。

A. 我能干什么　　B. 我干得怎么样

C. 为什么这么干　　D. 应该怎么干

4. 下列选项中，不属于职业生涯发展评价要素的是（　　）。

A. 是否符合社会发展趋势，是否满足社会需求

B. 职业价值取向是否正确

C. 个人专业技能是否与职业相结合

D. 是否可以获得更高的收益

5．要对职业生涯的某个阶段是否成功进行全面评价，必须综合考虑（　　）。

A．个人与家庭因素

B．社会评价和企业评价

C．自我评价和他人评价

D．个人、家庭、企业和社会等因素

6．在制订评价标准时，需要制订相应的评价细则，下列选项中（　　）不是评价细则的内容。

A．个人发展条件　　B．个人发展目标

C．个人行动计划　　D．社会评价和企业评价

7．中职生在评价自己的职业生涯规划时，要始终围绕能否促进职业生涯的（　　）进行。

A．可持续发展　　B．当前利益

C．长远利益　　D．有效执行

8．如果想要实现职业生涯发展的目标，就必须强化时间观念，从（　　）做起，尽早地规划人生。

A．就业后　　B．入学时

C．现在　　D．达到一定能力时

三、判断题

1．刚开始工作时觉得现在的职业并不适合自己，应马上换工作，避免浪费时间。（　　）

2．职业生涯规划一旦制订完成，就意味着一劳永逸。（　　）

3．重新评估职业生涯发展是通过“我能干什么”的自我审视，来掌握自身条件的变化和职业实践的检验结果，从而判断自己的职业素养是否符合当前所从事的职业。（　　）

4．初入职场，我们需要知道“我将成为什么人”，并向管理人员方向发展。（　　）

5．评价职业生涯规划的目的在于进一步发挥职业生涯规划对自我发展的激励作用，为自己能有一份高质量的职业生涯规划和一个良好的职业开端服务。（　　）

6．对于老师的评价，不应看重得到的分数或等级，而应重视老师对职业生涯规划本身的修改建议。（　　）

7．评价职业生涯规划可从检查与职业生涯发展各个时期有关的目标、措施的现实性和激励性这个角度进行。（　　）

8．制订的职业生涯规划要有激励性，能够督促自己珍惜时间、养成良好的习惯。

（　　）

9．我们必须顺应时代的要求，根据时代的变化调整自己的职业生涯规划。（　　）

10．职业生涯规划是对个人职业前途不切实际的幻想。（　　）

四、简答题

1．为什么要调整职业生涯规划？

2．为什么在校期间制订的职业生涯规划与实际职业生涯发展存在差距？

3．简述职业生涯发展的评价要素。

4. 简述评价职业生涯规划的方法。

5. 简述调整职业生涯规划的时机。

6. 简述调整职业生涯规划的过程。

7. 当职业生涯发展遇到重大变化时，应如何应对？

8．简述全方位评价法。

五、辨析题

1．修正职业生涯规划是通过“我可以干什么”的自我审视，来对求职环境或从业环境进行再分析，对自己的职业生涯机会和障碍进行评估。

2．为应对外部环境的变化，有时需要我们调整职业生涯规划。

3．职业生涯规划的调整是简单的重复过程。

4．职业生涯规划的调整在任何时候开始都可以。

5．评价职业生涯规划时，只需要注意个人评价，不需要注意同学的评价。

六、案例分析题

学计算机应用专业的小夏，毕业后在一家电脑公司做销售。开始时，他打算先积累一些销售经验，在有了一定的资本积累后开一家电脑专卖店。意料之外的是，他所在的公司因经营不善而陷入困境，导致他的收入锐减。

小夏在上学时就养成了上网关注各种新闻的习惯，他看到本地葡萄苗木紧俏的新闻，便开始查阅相关资料。他惊喜地发现，卖一捆葡萄苗木比卖一台电脑的净收益还多。于是，他开始“恶补”繁育葡萄苗木的知识，还专程到葡萄苗木繁育基地考察。待到时机成熟，他辞职返乡，承包了一片荒山搞葡萄苗木种植。

小夏在实践中发现，种植葡萄苗木虽然收益很好，但市场容易饱和。这时，不断学习、善于思考的好习惯帮了小夏。他发现，城市对绿化树种的需求很大，而邻县对其管辖的一大片盐碱地在网上发布了招标改造的消息。有一定葡萄苗木种植经验的小夏，请专家实地考察了盐碱地的可用性。

心中有底之后，他与人合伙承包了这片盐碱地，施酸性肥料，栽种杨树苗，不但改良了土壤，而且速生的杨树长得也很好。这一年，国家恰好出台了“退耕还林”政策，小夏还为此得到了不少政府补贴。

【思考】

1．小夏为什么要调整自己的职业生涯规划？

2．通过小夏的案例，你有什么启发？

明心见性

每个人都有自己的长处和不足。因此，个人的职业生涯规划必须结合自身的特点制订和评价，从自己的兴趣、爱好、性格、能力及价值取向等各方面，来挖掘各自不同的职业理想、职业目标，以及在职场中的适应情况。请扫描下方二维码，做个简单的测试吧。

扫一扫

职业性格——心理测试

躬行实践

职业生涯规划自评与互评

请每位学生制订一份属于自己的职业生涯规划书，以小组为单位，参照表 5-1 所示的评分表，先对各自的职业生涯规划书进行自评，然后对小组成员的职业生涯规划书进行互评，了解自己与他人在评价时的具体差异。结合自身条件和外部环境，分析自己的职业生涯规划还需要哪些调整。

表 5-1　职业生涯规划评分表

评价内容	评分要点	满分/分	评分/分
自我认知（25 分）	自我分析清晰、深入，能清楚地认识到自己的优势和劣势	10	
	对职业兴趣、职业能力、行为风格、职业价值取向的分析全面、到位	10	
	对个人兴趣爱好、成长经历、社会实践等介绍清晰、定位准确	5	

续表

评价内容	评分要点	满分/分	评分/分
职业认知（25 分）	了解社会的整体就业形势，并且了解中职生的就业状况	5	
	对目标行业发展前景及现状了解清晰，并且了解行业中的就业需求	5	
	对行业的人力资源管理战略、企业文化等的分析做到“人职匹配”	5	
	对目标职位的工作职责、任职者所需技能的分析做到“人岗匹配”	5	
	通过对外部环境的分析，能清楚地认识到自己所面临的机会、挑战	5	
职业目标设计（15 分）	职业目标确定和职业发展路径设计符合外部环境和个人特质	5	
	职业发展路径符合现实，职业目标具有竞争力	5	
	能用长远的眼光设定职业目标，并将长期目标划分为几个阶段来实现	5	
规划与实施计划（15 分）	行动计划清晰、可操作性强	5	
	行动计划在保持个人优势、全面提升个人竞争力方面针对性强	5	
	近期计划详尽，中期计划清晰、灵活，长期计划具有方向性	5	
评估与调整（10 分）	对行动计划和职业目标建立评估方案，如要达到什么标准，评估的要求是什么	5	
	对职业发展路径进行可行的调整，备选方案也能充分根据个人与环境的评估进行分析确定	5	
思路和逻辑（5 分）	思路清晰、逻辑合理，能准确地把握职业生涯规划的核心与关键	5	
美观性（5 分）	整洁美观、创意新颖	5	
总分		100	

一、过程记录

制订职业生涯规划书：

自评：

互评：

心得体会：

二、活动评价

指导老师参考表 5-2 对学生的职业生涯规划自评与互评情况进行评价。

表 5-2　活动评价表

评价标准	评价细则	满分/分	评分/分
职业生涯规划自评与互评	制订的职业生涯规划书合理、可行	30	
	自评客观、合理	30	
	互评客观、公正、合理	40	
合计		100	
指导老师评价			

责任编辑：林郁郁　李　珊
封面设计：北京金企鹅

如果您对本书有任何建议或意见
请发至邮箱 book@wenjingketang.com

心理健康与职业生涯

学习辅导与训练

ISBN 978-7-5166-6853-5
9 787516 668535
定价：35.00 元

国家级一流本科课程配套教材

Banshi
Sheji
yu
Wangge
Xitong

高等院校艺术设计专业“十四五”新形态系列教材

版式设计与网格系统

融入思政元素
全面提升学生思想道德修养

提供数字化资源
增强学生的学习体验

设计跨学科内容
培养学生综合分析能力和创新思维

熊文飞　童彦婷　任赛赛　主编

Integrating ideological and political elements
to comprehensively enhance
students' ideological and moral cultivation

Providing digital resources
to enhance students' learning experience

Designing interdisciplinary contents
to cultivate students' comprehensive analytical ability
and innovative thinking

WUTP 武汉理工大学出版社
WUHAN UNIVERSITY OF TECHNOLOGY PRESS